일상을 쓰는 힘으로 버티는
평범한 우리들의 이야기

우는 대신 씁니다

우는 대신 씁니다

정다영 / 박민지
이지영 / 김원재 / 조성진

· 글쓰기 모임 〈민낯〉 두 번째 이야기 ·

우는 대신 씁니다

민낯 소개

이지영

꼼수 부리는 5년차 직장인.
가고, 찍고, 쓰고를 반복하며 달고 쓴
모든 경험을 남기는 기록형 인간.

김원재

꿈은 부자. 현실은 매해 마통 갱신.
미국 주식 투자 후 물렸으나
U자형 상승을 기대 중.
특기는 퇴근 항상 배고픔.

조성진

글 쓰는 건설인.
항상 퇴직 준비중이지만 이 개미지옥
에서 7년째 못 헤어 나오고 있음.
언젠가 돈 많은 백수를 꿈꾸며 하루하
루를 살고 있다.

정다영

천징자리, AB형, 마케터.
인싸 중 제일 아싸.
샤이 관종.

박민지

배트맨, 중경삼림, 고양이
그리고 창작하는 모든 것.
주말엔 슈퍼 집순이.
천국보다 낯선 30대.

목차

/ 1장 / 황영조는 왜 은퇴를 해야만 했을까?
우리의 마라톤 왕 · 김원재 | 15
황영조는 왜 은퇴를 해야만 했을까? · 이지영 | 21

/ 2장 / 12월 32일
12월 32일에 도달하는 방법 · 조성진 | 29
12월 84일 · 김원재 | 33
느리게 진화하는 세상을 희망합니다 · 이지영 | 39

/ 3장 / 죽은 농담들이 사는 섬
서기 5,000년 싸이월드 데이터 발굴의 의미에 대한 조사 · 이지영 | 47
from 털 · 박민지 | 51
소리 없는 웃음들 · 조성진 | 59
신종인류 · 정다영 | 65

/ 4장 / 서울화 (도시남녀)
마리오 오딧세이 · 조성진 | 71
해방촌, 일주일 · 정다영 | 75
육개장 · 이지영 | 87
운명으로 진화되지 못한 우연에 대하여 · 박민지 | 93

/ 5장 / 그 애
오월의 코타키나발루, 시월의 홍콩 · 이지영 | 103
성혁이 · 김원재 | 111
2009년의 그 애 · 정다영 | 123

/ 6장 / 장마

장마 · 조성진 | 129
대균우 · 마조진조 | 137
하우 아 유 · 김원재 | 149

/ 7장 / 채식주의자

스테파니 메이어에 대한 서한 · 김원재 | 157
송곳니 · 이지영 | 163

/ 8장 / K는 조심스레 술집 문을 열었다

무연고자 · 박민지 | 185
K는 조심스레 술집 문을 열었다 · 조성진 | 211

/ 9장 / 헤밍웨이의 6단어

아기 신발 팝니다. 한 번도 신은 적 없음 · 박민지 | 219
for sale: baby shoes. never worn · 조성진 | 229

/ 10장 / 여자들

멧돼지 · 이지영 | 239
나쁜 여자 · 정다영 | 269

+편집 / 참여 후기

황영조는 왜 은퇴를 해야만 했을까?

1장

―――――――――― 황영조는 왜 은퇴를 해야만 했을까?

우리의 마라톤 왕

김원재

한 할아버지가 트랙으로 들어온다. 하얗게 센 머리, 한때는 튼튼했을 두 다리, 마른 팔, 이제는 엉성해진 관절. 할아버지의 등장에 스타디움을 꽉 채운 사람들이 박수를 보낸다. 카메라는 트랙을 도는 그의 뒷모습을 잡는다. 할아버지의 손에선 하얀 연기가 피어오르는데, 껑충껑충 그대로 날아갈 것 같다. 얼마나 좋길래, 얼마나 신나길래. 할아버지의 얼굴은 보이지 않지만 나는 그의 표정을 알 것 같다. 지금 활짝 웃고 있다. 그는 1988년, 서울 올림픽의 성화를 봉송하는 손기정이다.

이 장면의 완벽한 서사에 나는 소름이 돋는다.

침략국의 국기를 가슴에 달고, 인종주의 통치자의 나라에서 열리는 올림픽에 참가했던 약소국의 젊은이. 수많은 강대국 선수들을 누르고 보란 듯이 금메달을 따낸다. 그리고 50여 년의 세월이 흘러, 마침내 되찾은 조국을 위해 성화를 봉송한다. 그의 마음이 짐작조차 안 돼, 나는 그저 눈물이 난다.

황영조는 그로부터 4년 뒤에 나타났다. 바르셀로나 올림픽에서 몬주익 언덕을 치고 오르는 황영조를 보며 나는 또 눈물을 쏟았다. 뒤로 바짝 붙은 일본 선수를 자꾸만 돌아보는 초조한 얼굴. 드디어 들어선 스타디움. 마지막 트랙. 쿵, 쿵, 쿵, 쿵 무너질 듯 무거운 한 걸음 한 걸음. 그러나 더 빨라지는 속도. 마침내 결승선을 통과해 그대로 쓰러지는 황영조. 금메달이었다. 시상식을 마친 그가 관중석으로 달려간다. 그리고 한국의 모든 마라토너가 평생 꿈꿔왔을 장면을 실현했다. 손기정에게 올림픽 금메달을 걸어주는 일. 스타디움에 울리는 애국가는 황영조가 손기정에게 바치는, 살아남은 자들이 역사에 올리는 제의였다. 그 후로 한국은 올림픽에서 단 한 번도 마라톤 금메달을 따지 못했다. 단, 한 번도. 손기정이 시작한 마라톤 드라마의 영웅은 황영조가 이어받고, 그것으로 완결되었다.

재능, 타이밍, 조력자, 적절한 시련, 기적 같은

우연. 세상은 때로 이 모든 걸 세트로 갖춰 영웅을 준비한다. 그 기회를 가질 수 있는 건 오직 한 사람이다. 그 밖의 등장인물들은 기억되지 않는다. 1936년 손기정과 함께 시상대에 오른 조선 청년 남승룡처럼. 손기정의 뒤에 남승룡이 있었다면 황영조의 뒤에는 이봉주가 있었다. 황영조와는 70년생 동갑내기, 비슷한 시기에 마라톤을 시작했던 젊은 봉주. 영조가 몬주익에서 전설에게 금메달을 안겨주는 걸 보며 그는 어떤 생각을 했을까. 황영조가 일찍 은퇴한 덕에 출전한 96년 올림픽에서 고작 3초 차로 은메달에 그쳤을 때, 그리고 그다음 번 올림픽, 이번에야말로 이봉주가 금메달을 가져올까, 온 나라의 관심이 집중됐을 때 그의 마음은 어땠을까.

"아, 이주봉, 이주봉 뒤처지나요. 아니 아 이봉주."

2000년 시드니 올림픽 마라톤을 나는 동생과 생중계로 보았다. 그건 내가 처음으로 본 마라톤이었다. 중계하던 아나운서가 이봉주 선수의 이름을 잘못 말했다. 나는 이주봉이라는 이름에 한번, 이봉주라는 이름에 또 한 번, 그리고 아나운서의 미안하고 민망한 말투에 또 한 번, 깔깔대고 웃었다. 이주봉 아니 아 이봉주. 이봉주는 국민들의 바람과 달리 순위권에도 들지 못했고, 아빠는 에휴, 봉달이라고 욕했다.

황영조는 이름도 영웅적이지만 이봉주는 이름마저도 '이주봉 아니 이봉주'였다. 얼굴이나 체격, 그 어디에도 영웅적인 면모는 없다. 그나마도 짝발이었다. 올림픽에서 그는 단 한 번도 영웅적인 퍼포먼스를 내지 못했다. 어떤 드라마도 없었고, 몬주익의 영웅과 같은 멋진 별명도 얻지 못했다. 그는 그저 국민 봉달이었다. 온 국민의 관심이 집중되던 그 순간에도.

비록 영웅은 되지 못했지만, 이봉주는 그 어떤 마라톤왕보다 오래 뛰었다. 44번의 마라톤에 참가해 41번 완주했는데, 이건 최정상급 마라토너 중에서도 거의 유일한 기록이다. 우리나라 마라톤 신기록 역시 이봉주가 세웠다. 그의 은퇴는 황영조보다 한참 뒤에 왔다. 은퇴한 후에도 여전히 각종 지역 대회에서 뛰고 있다. 한국 마라톤의 역사는 손기정과 황영조를 주인공으로 여길지도 모른다. 하지만 마라톤의 신이 있다면 분명 이봉주의 머리를 쓰다듬어 주었을 것이다. 고맙구나, 봉주야. 계속 달려줘서. 누구와도 비교하지 않고, 계속 달리기를 좋아해줘서 고맙구나.

마라톤은 지독한 스포츠다. 룰은 그저 쉼 없이

뛰는 것. 장대 하나로 하늘을 날고, 자기보다 더 큰 거인을 한판승으로 이기거나, 어마어마하게 무거운 바벨을 순식간에 들어올리는 마법은 없다. 그저 한 발 한 발 끝까지 달리는 게 전부다. 다른 스포츠들이 초인적인 노력을 뒤에 감추고 있는 것과 달리 마라톤은 그것을 숨기지도 않는다. 성취의 순간에 이르는 모든 인내와 고통을 여과 없이 중계한다.

그래서 사람들은 흔히 인생을 마라톤에 비교한다. 인생이라는 달리기는 언제나 1등을 가리는 싸움처럼 보인다. 가장 좋은 대학, 가장 좋은 집을 가장 빨리 얻는 싸움. 하지만 영웅의 자리는 언제나 소수의 몫이다. 그래서 나는 가끔 휘황찬란한 목표 앞에 공황 장애를 앓는다. 주인공이 될 수 없는 사람은 어떻게 살아야 하나. 가장 중요한 무대에서 순위권에 들지 못한다면 어떻게 해야 하나. 이럴 때 나는 이봉주의 달리기를 생각한다. 달리는 것 자체로 너무 기쁜, 달리는 나 자신을 깊이 사랑하는 달리기.

그래, 어떤 프로 러너들에게는 이봉주가 좋은 롤모델이 아닐지도 모른다. 악착같이 이를 악물고 달린 끝에 '마침내 영웅이 되었습니다'라는 결말이 없으니까. 하지만 달리는 목표가 결승선 하나일 필요는 없다. 달리는 순간이 그저 좋은 달리기야말로 내게 어울린다고 나는 생각한다. 금메달이 아니더라도, 멋진 서사를 갖지 못해도, 그 누구도 내 이름을 기억하지 않아도, 누가 어떻게 놀려도, 뛰는 것 자체가 좋아서 그냥 웃으면서 계속하는 달리기. '달리는 자신'이 온 인생의 목적이 되는 것. 어쩌면 그게 가장 어려운 달리기 아닐까.

나는 이봉주의 달리기가 좋다. 영웅이 아니면서, 누구보다 치열하게 달려서. 그게 참 기뻐 보여서. 그렇게 모두에게 기억되어서. 마라톤왕, 이봉주. 나는 그를 이렇게 쓴다.

 언젠가 마라톤 풀코스를 완주하는 게 꿈.

황영조는 왜 은퇴를 해야만 했을까?

이지영

 황영조가 1991년 바르셀로나 올림픽에서 금메달을 땄을 때 아빠는 강원은행 대리가 됐다. 그 이듬해 몬주익의 영웅이 된 황영조가 도쿄 아시아 올림픽에서 또다시 금메달을 거머쥐었을 때 아빠는 특급 승진으로 국제부 팀장이 됐다. 강원도를 벗어나 전국을 주름잡는 강원은행과 함께 아빠도 성공가도를 달렸다. 그다음 해 아빠는 강원은행의 미래를 걸고 홍콩에서 비즈니스를 시작했다. 그리고 일 년이 채 못돼 강제로 한국으로 돌아왔다. IMF로 대한민국의 상황이 심각해졌기 때문이다. 강원은행은 사라지고 조흥은행이 되었고 아빠는 그 뒤로 은행 이름이 한 번 더 바뀔 때까지 회사원의 생명을 존속하고 있다가 곧 명예로운 은퇴를 했다. 몬주익의 영웅이 된 황영조가 발목부상을 이유로 명예롭게 은퇴를 한 뒤 십 년 동안의 일이다.

아빠는 쓸모가 있는 사람이었다. 강원은행 시절엔. 유능했고 열정이 넘쳤으며 자신과 기업의 미래를 동일시하는 이상적인 기업형 인재였다. 은행은 그런 아빠를 믿어줬고 아빠는 늘 하면 된다는 자신감에 차 있었다. 황영조가 먼 타국 땅 바르셀로나에서 대한민국 태극기를 휘날린 것처럼 홍콩의 땅에서 아빠는 강원은행과 자신의 미래를 빛낼 성공의 기회를 엿보았다. 하지만 IMF는 아빠의 이런 희망을 쉽게 허락하지 않았다. 일 년이 안 되는 홍콩 이민생활을 정리하는 마지막 날, 아빠는 말이 없으셨다. 자랑스럽게 자신의 사무실을 보여주시던 근사한 아빠 대신 힘 빠진 초라한 아빠만 있었다. 명문대 대입시험에 붙었다 불명확한 이유로 최종 불합격 통보를 받았다던 아빠는 과거의 그때처럼 성공의 문턱에서 간발의 차이로 승리를 다음 타자에게 양보해야 했다. 그래도 아빠는 지치지 않고 앞만 보고 계속 달렸다.

아빠의 퇴직 소식을 처음 전해 들은 것은 어학연수를 마치고 고향으로 내려오는 차 안에서였다. 세상에서 가장 명예롭지 않은 이야기였다. 듣고 싶지 않은 이야기였다. 강원은행에서 조흥은행으로, 그 뒤로 한 번 더 명패가 바뀐 뒤로도 아빠는 동료들 중 유일하게 남아있다는 명예를 지키며 꿋꿋이 회사생활을 이어나갔다. 그러나 합병된 뒤 아빠는 늘 실적이 좋지 않은 점포에 발령받았다. 승진의 속도도 느렸고 대우도 공평치 못했다. 그러나 아빠는 돌파구를 찾아 때로는 새로운 전략을 써서, 때로는 점포 이전을 해서 꿋꿋이 살아남았다.

지금은 춘천 상권 중심이 된 CGV 일대가 허허벌판일 때도 아빠는 미래를 점치며 점포 이전에 힘을 쏟았다. 아빠의 굳건한 어깨를 바라보며 나는 종종 그 허허벌판으로 산책을 나갔다. 내 눈에는 공사판이었지만 아빠 눈에는 은행의 미래, 점포의 미래, 그리고 자신의 미래가 그려질 신세계였을 것이다. 아빠는 그 신세계로 점포를 이전한 지 반년도 안 되어 또 다른 점포로 발령받았다. 신세계를 꿈꾸던 점포는 동생 친구의 아버지이자 새로 합병된 더 큰 은행 출신 지점장에게 넘어가버렸다. 아이러니였지만 수긍할 수밖에 없었다. 그것이 기업의 논리였다.

승진에 연거푸 미끄러진 아빠는 이번에는 춘천 시청 지점으로 발령받았다. 강원도 본부장 선배에게서 전화가 걸려왔다. 퇴직자 명단에 있던 아빠

를 특별히 빼낸 것이라는 말과 함께 올해 있을 시청 지정 은행 재계약 건을 수주하지 못하면 자신도 손쓸 도리가 없다고 했다. 아빠는 일 년을 또 열심히 달렸다. 그리고 시청 은행 건을 수주했다. 그러나 은행은 아빠와의 재계약엔 냉담했다. 아빠는 명예로운 퇴직을 받아들여야 했다.

아빠가 퇴직할 때 신한은행 내부에는 강원은행 출신은 물론 조흥은행 출신은 한 명도 없었다. 말하자면 아빠는 최후의 강원도인이었던 셈이다. 아빠의 강원은행 동료들은 편의점으로, 택시업으로 각자의 생을 이어나갔다. 국가의 혼란스러운 소용돌이 속 기업의 쓸모에서 선택되지 못한 사람들은 그 이유가 어떠했든 간에 살아야 할 길을 스스로 찾아야 했다. 자본주의 생태계에서 살아남은 자들은 성실하고, 열정적이고, 순수한 노력을 갖춘 자들이 아니라 절대 끊어지지 않을 동아줄을 잡고 늘어지게 버티는 사람들이었다. 이런 푸념 섞인 자조도 결국 풍요로운 시대에 태어나지 않은 것이 우리의 잘못이라는 잘못된 결론으로 귀결될 뿐이었다.

황영조는 계속 달리고 싶었는지도 모른다. 대한민국의 금메달이 아니라 마라토너의 본분인 뛴다는 명분을 위해 뛰고 싶었을 것이다. 메달이 아닌 뛴다는 행위로 자신의 쓸모를 증명하고 싶었는지도 모른다. 그러나 국가는 국가 영웅 황영조를 원했고 정당하지 못한 방법으로 그를 깨지지 않는 금메달리스트로 만들고 싶어 했다. 그는 결국 국가의 명예보다 마라토너의 명예를 선택했고, 국가의 추악한 호의를 거절하고 은퇴를 선언했다.

아빠 또한 계속 달리고 싶었을 것이다. 명문대 출신에, 원조 신한은행 출신은 아닐지라도 기업을 위해서, 대한민국의 경제발전을 위해서, 지역주민들의 상업을 위해 자신의 본분을 다하고 싶었을 것이다. 자신의 쓸모를 끊임없이 증명하고 싶었을 것이다. 나는 믿고 싶다. 쓸모는 어쩌면 누군가의 선택에 의해서가 아니라 나의 선택에 의해서도 증명될 수 있는 것이라고. 아빠는 오늘도 여전히 달린다. 그것이 지점장이라는 명함이 아닐지라도 아빠는 끊임없이 달린다. 금메달만 의미 있는 것은 아니니까. 나는 그런 아빠를 계속 응원한다.

 그래도 여전히 아빠와 자주 다툽니다.

12월 32일

2장

12월 32일에 도달하는 방법

조성진

내가 1월 1일이 아닌 12월 32일에 도달하는 방법.

12월 31일 12시 59분 56초.
12월 31일 12시 59분 57초.
12월 31일 12시 59분 58초.
12월 31일 12시 59분 59초.
12월 31일 12시 59분 59초 1밀리(ms) 1마이크로(us) 1나노(ns) 초.
12월 31일 12시 59분 59초 1밀리(ms) 1마이크로(us) 2나노(ns) 초.
12월 31일 12시 59분 59초 1밀리(ms) 1마이크로(us) 3나노(ns) 초.

"나이가 몇 살이에요?"
나는 망설이지 않고 대답한다.
7년째 같은 대답이다.
"27살이요."
그러면 내 나이를 물어본 상대방은 당황한다. 어떤 이는 농담이라고 생각하고 쓴웃음을 지어 보인다.
"진짜 몇 살이에요?"
이 질문에 나는 반대로 묻겠다.
대출을 받으려고 은행에 갔는데 은행원이 재산이 얼마냐고 묻는다면 당신은 어떤 기준으로 대답할 것인가? 통장에 있는 재산 기준으로? 아니면 주식을 포함해서? 아니면 집 안에 둔 노트북과 매트릭스의 중고가를 포함해서 계산할 것인가? 방식이야 어찌 되었든 당신은 돈이 얼마나 있는지 이야기한다. 그러나 대부분 은행원에게 '대출금'이나 '카드빚'은 이야기하지 않을 것이다. 왜냐하면, 그건 재산이 아니니까. 그러나 회계적으로 그것도 재산이다.
나는 내 나이를 대출받아 연명한다고 생각하고 매년 "27살이요"를 외쳤다. 나는 사람들이 12월 31일과 1월 1일을 7번 보낼 때 혼자서 12월 32일을 즐겼다고 생각하는 것이다.
내 정신은 드라마 '별에서 온 그대'에서 머물러 있으며 영화는 '인셉션'에 머물러 있고 난 아직도

2NE1의 팬이다.

물론 내 생각을 이야기하면 어떤 사람은 나를 정신병자 취급한다. 뭐 어때? 다 정신 나간 세상인데.

1ms = 1/1000초.
1us = 1/1000000초.
1na = 1/1000ms초.

 젊게 삽시다!

12월 84일

김원재

운이 좋다면 이 글의 마지막 줄을 쓸 때쯤에는 한 여자가 소개되어 있을 것이다. 이 첫 줄은 눈을 감은 상태에서 썼다, 면 물론 거짓이다. 그 정도로 오늘 아침 눈을 뜨기 어려웠다는 것이다. 필자는 아직 잠에서 깬 지 5분이 채 지나지 않았다. 다시 눈을 감으면, 나는 꿈속의 로맨스를 다시 시작할 수도 있다. 수영장에서 펼쳐지는 자극적인 이야기다. 그러나 오늘은 글쓰기 모임이 있는 날, 1시간 반 뒤 집을 나설 땐 뭐라도 글을 들고 있어야 한다. 그러니 지금 쓰는 이 여자를 무사히 소개하려면 아주 많은 행운이 필요하다. 필자에게 수영장 로맨스를 포기할 만큼의 의지는 있어야 하니까.

로맨스. 그렇다, 오늘 소개할 이 여자도 로맨스를 하고 싶었다. 인구 천만의 메가 시티, 서울. 이 서울 바닥 어딘 가에는, 흔하지 않은 것에만 푹 빠져버리는 남자가 있지 않을까. 당신은 달라. 내가 왜 이러지, 왜 자꾸 당신한테 끌리지. 이런 지독한 클리셰를 진지한 눈빛으로 말하는 남자가 있지 않을까. 그러니까 한 마디로 이 여자는 차암 뭐 별것 없다. 슬프게도. 생김새, 스타일, 커리어, 성격 그 어느 한구석도. 콩깍지가 씌기에 그녀는 남자를 지나치게 이성적으로 만들어버린다. 그렇기에 필요한 게 로맨스. 로맨스는 마법이니까.

세 문단까지 우리는 그녀가 별 볼 일 없다는 것을 알았다. 운명적 사랑을 기다리고 있다는 것도. 그녀의 한심한 얼굴을 보고도 미친 사랑의 열병을 시작할 수 있는, 그녀의 하찮은 나날에 기꺼이 동참하고도 꿈에 겨워할 수 있는, '운명적' 사랑. 그녀는 그것을 기다리고 있고 바로 여기서 시작되는 것이다, 오늘의 이야기는.

세계정세에 두통을 앓는 백악관의 킹메이커나, 도무지 계획이라곤 없어 뵈는 양친의 두통메이커나 모두가 똑같다. 해가 지나면, 나이를 먹는다는 것. 가는 세월을 0년 0월 0일로 정립한 것은, 그리하여 전 세계인이 같은 규칙성을 가지고 나이를 먹는다는, 이 시적인 발상은, 진리가 아니다. 영리한 호모 사피엔스 하나가, 각종 천체의 복잡한 운행을 열심히 관찰한 끝에 '만들어 낸' 것이다. 동시다발적으로 전쟁을 개시하고, 파종의 적기를 꾸준히 추적하기 위한 시스템적 창의력. 어느 지적 생명체의 빛나는 발명품. 그렇다면 여러분, 한 여자가 새로 시작될 또 한 번의 1월 1일을 거부하고 12월 32일, 33일을 이어가며 살겠다고 한들 그것을 이상하다고 할 수 있을까. 이 또한 인간 특유의 총명함을 발휘한 새로운 발명인 것을.

그리하여 운명의 그가 나타날 때까지 그녀는 달력을 살짝 주관적으로 사용해보기로 했다. 보신각의 종이 신년의 1월 1일을 뎅뎅 울릴 때 그녀는 자신의 노트에 이렇게 썼다. 12월 32일, 35세. 노트를 접어 넣고 그녀는 메신저의 몇몇 단체방을 퇴장했다. 새로이 묵직한 나이에 ㅠㅠ자를 붙여 쉴 새 없이 날아드는 흔한 신년 인사를 받을 필요가 없었던 것이다. 그녀에겐 12월 32일이 시작된 밤일 뿐이었다. 그녀는 나이 들지 않는다.

자, 이제 여자는 12월을 계속하여 살아간다. 때로는 관념이 실재보다 중요하다. 그녀는 약간의 무기력과 실체 없는 기대를 가지고 12월의 83일까지를 살았다. 매일 낮 베이커리에서 근무하는 동안,

순간적으로 심장의 펌핑을 흐트러뜨리는 남성들이 몇 지나갔지만, 그녀에게서 뭔가를 발견한 남자는 아직 나타나지 않았다.

"12월 84일? 이게 뭐예요 누나?ㅋㅋ"

그리고 12월 84일, 여자의 주관적 달력 앞으로 한 남자가 다가왔다. 꽃샘추위가 막 시작된 이르디이른 초봄, 그녀가 화장실에서 코를 팽 풀고 돌아온 때였다. 늦은 밤 독서실, 소설을 쓰다만 그녀의 자리, 꽤 단정한 얼굴이지만 아무렇게나 과잠을 입은 남자아이. 무엇보다 아줌마가 아니라 누나라고 불린 것에 당황하며 그녀는 심장이 저 밑까지 쿵 내려앉는 것을 느꼈다.

 누가 뒷이야기 좀 19금으로 써주세요.

— 12월 32일

느리게 진화하는 세상을 희망합니다

이지영

 한국의 아이티 기술이 급속도로 발전하던 세기 말. 국민학교는 초등학교가 됐고, 교실마다 컴퓨터가 보급되기 시작했다. 전국의 초등학교는 방과 후 과목으로 컴퓨터 기술을 가르쳤다. 우리는 타자 치는 법, 한글 프로세서를 사용하는 법 등을 의무적으로 교육받았다. 제법 신식 교육관을 가진 엄마들은 기하급수적으로 늘어나는 이찬진 컴퓨터 교실에 자식들을 등록시키며 빠르게 세상의 속도에 맞춰갔다. 앞니가 막 나기 시작하는 세 살부터 유튜브에 접속해 뽀로로를 보는 요즘 애들이 들으면 기겁할 이야기들이 그 시절엔 여기저기에서 벌어졌다. 날짜 하나 차이였지만 1999년 12월 31일과

2000년 1월 1일은 사람들이 믿고 있던 모든 것들이 송두리째 바뀌는 큰 차이였다.

그 시절의 아빠는 모 은행의 지점장이었는데, 생전 처음보는 컴퓨터로 업무를 보기 위해 독수리 타법으로 컴퓨터 세상을 배워 나갔다. 아빠는 우리 가족 중 가장 빠르게 컴퓨터 세상을 배운 사람이었다. 엄마와 동생과 나는 없던 메일 계정도 아빠는 갖고 있었고, 내가 한글파일로 달력을 만드는 법을 익힐 때 아빠는 컴퓨터 하나 갖고 국제 업무를 보았다. 검지를 치켜세워 메일 주소를 만들던 아빠의 뒷모습이 유난히 기억에 남아있다.

메일로 척척 국제 금융 업무를 보던 아빠의 시대로부터 20년이 흘렀고, 이제는 휴대폰 버튼 하나만 누르면 지구 반대편에서 반대편으로 화상통화를 손쉽게 하는 세상이 됐다. 미국의 어느 구석 동네에서 파는 화장품을 내일이면 받아볼 수 있고, 핸드폰 어플 하나만 눌러도 필요한 물건들이 딱딱 준비되는 세상이다.

세상이 빠르게 변화한 만큼 아빠의 위치도 빠르게 변했다. 아빠는 정년의 한계를 넘지 못하고 평생을 바쳐 일하던 회사에서 퇴직했고, 7년의 노력 끝에 대학교에서 강의를 시작하셨다. 제2의 직장을 잡은 기쁨도 잠시, 아빠가 애를 먹은 것은 교재 연구가 아닌 컴퓨터를 다루는 기술이었다. 생전 강의 자료라는 것을 만들어 본 적 없는 아빠는 나와 동생에게 사정하며 문서에 이미지를 얹고 내용을 채우고 도표를 만들었다. 그렇게 몇 날 며칠이 걸려 아빠의 첫 번째 강의 자료가 완성됐다. 어렵게 찾아온 기회인 만큼 아빠는 열심히 강의 자료를 준비했다.

오늘 아침엔 그런 아빠에게 전화가 왔다. 강의 자료를 만드는데 강의용 문서가 수정이 안 돼 애를 먹고 있다고 했다. 말로 설명을 들으니 어떤 것이 문제인지 파악할 수 없었다. 내가 아빠 옆에 있었다면 바로 해결해줬을 텐데 아빠 곁엔 나도, 동생도 없었다. 몇 분의 설명이 오가다 문제인 상황을 찍은 사진을 보니 그제야 원인을 알 수 있었다. 작업해야 하는 파일의 압축을 못 풀어 파일이 계속 읽기 전용으로 열렸던 것이다. 한참의 설명 끝에 아빠는 파일을 압축 해제하는 과정을 거쳐 드디어 파일을 수정할 수 있게 됐다. 강의를 준비하는 것도 아빠에겐 보통 일이 아니었을 텐데 자료를 만들 수 있는 여건을 만드는 것이 더 큰 장벽이었던 것이다.

세기말의 컴퓨터 교육을 받은 우리 세대는 파일을 바탕화면으로 끌어오는 1초도 안 되는 방법으로 문제를 손쉽게 해결할 수 있었을 텐데 아빠는 그 방법을 몰라 몇 분, 몇 시간을 헤맨 것이다. 그러다 스스로 문제를 해결할 방법을 찾지 못해 결국 딸에게 의지할 수밖에 없었을 것이다. 문제를 스스로 해결할 수 없는 상황은 그 문제가 크든 작든 당사자를 막막하게 만든다. 아빠는 휴일 오전 맘먹고 강의 자료를 만들려던 계획을 생뚱맞게도 파일 하나 열지 못해 방해받아 속상했을 것이다.

아빠는 가족 중 가장 먼저 메일 주소를 만들 정도로 누구보다 앞서 나가는 사람이었지만, 알파고가 바둑을 두는 21세기 발전 속도를 이기기엔 독수리 타법만으로는 역시 역부족이었을까.

어느새 새로운 세상을 더 잘 아는 쪽은 아빠가 아닌 나였다. 가족여행을 떠나면 현장 예약보다 어플로 사전 예약하는 것이 더 많은 할인을 받을 수 있다는 것도 나는 알지만 아빠는 모른다. 30년 동안 매해 가던 강릉의 호텔은 매년 예약하는 아빠의 이름은 기억 못 해도 어플과 연동된 내 계정은 귀신같이 알아맞혀 무료 조식 서비스를 알아서 제공해준다.

세상은 점점 더 빠르게 변화할 것이고, 아빠는 대학교수라는 자리에서 또한 정년퇴직해야 하는 시간이 올 것이다. 그리고 강의 자료조차 준비할 필요가 없을 때가 되면 아빠는 어쩌면 삶의 많은 것들을 타인에게 의지해야 할지도 모른다. 기술을 배우는 것에도 정년이 있는 것일까? 아빠가 사회에서는 정년퇴직하는 날이 올지라도 인생에서는 정년퇴직으로 물러나는 일이 없었으면 좋겠다.

세상은 빠르게 똑똑해졌지만 컴퓨터를 모르는 사람은 도태되는 세상이다. 압축 하나 못 푼다고 자신의 한계에 좌절해야 하는 세상은 싫다. 당연히 변해야 하는 세상이지만, 조금씩 천천히 모두가 따라갈 수 있는 속도로 변해주길 바란다면 너무 이기적일까. 나는 할 수만 있다면 올해를 밀어내 영원히 유보하고 싶다.

 첫 메일주소는 '해리포터지영'의 약자가 들어갑니다

죽은
농담들이
사는 섬

3장

죽은 농담들이 사는 섬

서기 5,000년 싸이월드 데이터 발굴의 의미에 대한 조사

이지영

서기 5,000년, 대한민국 문학계에 새로운 지평을 넓힐 기념비적인 데이터가 발견되어 연일 화제입니다. 21세기 한국 문학의 역사를 새로 쓴 김개 작가의 온라인 일기장이 발견되었습니다.

한국문학발전위원회에 따르면 이 데이터는 소셜 네트워크 서비스인 페이스북의 시초로 알려진 싸이월드의 삭제된 서버에서 발굴한 자료로, 2,100년을 마지막으로 서비스를 종료한 싸이월드의 유실된 데이터를 끈질기게 뒤쫓은 학계 전문가들의 노력 끝에 이룬 성과라고 합니다.

김개 작가는 온라인 미디어의 급변기 시대인

2,000년대 초부터 한글 형식을 파괴한 외계체를 창시하는 등 디지털 해체주의 문학을 선도하며 한국 문학계에 신선한 충격과 동시에 크나큰 업적을 남긴 작가입니다. 노벨문학상의 후손 격이라 일컬어지는 노벨-전자 문학상의 첫 수상자로 임명됨에 따라 한국 문학의 입지를 전 세계적으로 한 단계 올려놓은 작가로도 알려져 있습니다. 김개 작가는 문학적 성취뿐만 아니라 그의 작품들에서 나오는 공감 어린 이야기로 수많은 팬을 보유하고 있는대요, 사랑에 빠진 연인들과 실연을 겪은 수많은 연인의 마음을 꿰뚫는 절절한 이야기로 당대의 수많은 지지층을 확보한 작가이기도 합니다. 자신의 눈물 셀카나 거울 셀카를 예술로 승화시키는 등, 형식에 얽매이지 않는 새로운 시도로 아직도 많은 팬의 사랑을 받는 작가이기도 합니다.

이번 연구에서 가장 큰 주목을 받는 것은 김개 작가가 중3 시절 흠모했던 한 여학생을 두고 써내려간 눈물 셀카 연작 시리즈입니다. 김개 작가 본인의 사진으로 추정되는 눈물을 흘리는 사진과 함께 작성된 감성 시리즈는 약 1년 동안 싸이월드 일기장에 게재된 것으로 밝혀졌는대요, 김개 작가 문학의 특징이라고 할 수 있는 셀카와 글의 조합에 대한 시도가 이 연작 작품의 시초라고 보는 전문가들의 분석이 지배적입니다. 한편 그의 팬들은 작가의 싸이월드 일촌평을 분석하며 연모의 대상을 찾아 나서고 있으며, 몇몇 문예지는 사설 온라인 탐정을 고용하는 등 조사 연구에 경쟁이 과열되고 있어 우려의 목소리도 나오고 있습니다.

한편 이번 데이터 발굴 작업으로 그동안 평가절하되어온 싸이월드 문학에 대한 새로운 평가가 이뤄져야 한다는 목소리도 커지고 있습니다. 과거 시대를 풍미하며 웃음거리로 평가절하되던 '싸이월드 허세글' 시리즈 중 몇 편이 김개 작가의 작품으로 밝혀졌기 때문인대요. 모 연예인의 눈물 셀카와 거울 셀카 등 싸이월드 허세글로 알려진 글의 등장이 실은 온라인 시대의 새로운 문학적 유형을 확립하기 위한 태동기를 알리는 신호탄이였음을 인정하지 않을 수 없게 되었습니다.

김개 작가의 생존 시절, 싸이월드가 선풍적 인기를 끌었다는 단순한 역사적 근거에서 시작된 이번 조사는 결국 김개 작가의 일기장을 발견해냄에 따라 결실을 맺었습니다. 이번 발굴로 김개 작가의 문학적 면모를 볼 수 있는 중2 시절, 첫사랑에 좌절하던 작가의 인간적 면모까지 파악할 수 있어 학계에 귀중한 자료가 될 것이라는 평가입니다.

한편 김개 작가의 후손들은 작가가 유년 시절 판단 미숙 상태에서 쓴 중2병다운 문체가 공개되는 것에 난처한 태도를 밝히고 있어 작가의 생애를 알 권리가 있다고 주장하는 문단 전문가들과 첨예하게 대립하고 있습니다. 그동안 대한민국 국민이 가장 사랑하는 작가로 칭송받아온 김개 작가인 만큼 작품을 추종하는 많은 팬은 작가 김개가 아닌 청년 김개의 삶을 엿볼 수 있다며 이번 데이터 발굴에 긍정적인 반응을 보이고 있습니다.

김개 작가의 싸이월드 일기장이 발굴됨에 따라 SNS가 유행하던 동시대를 향유한 작가들의 온라인 데이터 발굴 작업 또한 박차를 가하고 있는대요, 한국 문학계를 놀라게 할 또 다른 역사가 쓰일지 귀추가 주목됩니다.

 싸이월드는 판도라상자.

from 털

박민지

우린 우주의 태고적부터 살던 고대 종족입니다. 체온이 있고 피가 흐르고 살가죽과 모공이 존재하는 모든 생물에 뿌리내려서 살아왔죠. 하지만 우린 그 어떤 생물에도 해를 가하지 않았습니다. 오히려 체온 유지와 외부의 유해 물질로부터 생물들의 소중한 피부를 보호했습니다.

이런 방식으로 생물들과 공생하며 수억 년 동안 우주 구석구석에 자리 잡아 나름의 진화 과정을 거치며 살아왔습니다. 처음엔 자리를 잡고 자라나는 것뿐이었던 원시적 생물에서, 저처럼 인간의 뇌와 가까운 곳에 난 털들은 나름의 지능도 갖추었습니다.

다만, 겨드랑이를 비롯한 뇌와 거리가 먼 다른 털들은 진화를 아예 하지 않았다고 보시면 됩니다. 그냥 여러분들이 말하는 짐승이죠. 생각이란 게 없어요. 생긴 것도 그렇게 생겼잖아요.

그들과 다르게 인간의 생각을 공유한다는 것은 생각보다 좋은 것이더군요. 오스트랄로 피테쿠스부터 사피엔스까지. 인간과 우리의 세상은 빠르게 변화해 왔습니다. 우리도 인간과 함께 성장하며, 인간의 지식을 자연스레 터득합니다. 그리고 지식의 양이 방대해지면 우린 점점 하얗게 물듭니다. 요즘 말로 만렙이라고도 하죠? 물론 어느 사람의 두피에서 자라느냐에 따라 지식의 질은 다르지만요.

아, 참고로 제가 자리를 잡은 이 두피는 탈모 병원 의사의 두피입니다. 그래서 저는 남들보다 더 우리 종족들을 쉽게 만나죠. 그리고 인간들이 해석하는 우리의 매커니즘을 시시때때로 구경합니다. 의사는 진료 이외의 시간을 연구에 쏟으면서도 우리가 또 다른 생물이라는 걸 까마득하게 모르더군요. 만물의 영장이니 뭐니 하더니 결국 가까이 있는 생물조차 알아차리지 못하는 꼴을 보자면 그저 웃음만 나옵니다.

아차차, 제가 사설이 길었군요.

탈모. 네. 탈모 병원 의사의 두피에 자리를 잡아서가 아니라, 이 자리를 빌려 종족을 대표해 제가 진짜 하고 싶은 말이 있습니다. 일단 탈모는 우리 동족들도 깊게 앓고 있는 문제입니다. 특히 스트레스성 탈모는 우리 종족 입장으로서 억울한 점이 많습니다.

일단 우리는 인간의 스트레스에 대해 아직 진화를 하지 못했습니다. 모든 인간에게서 일어나는 반응도 아니거니와, 잠시 생겼다 사라지기도 하는 변수들이 워낙 많았거든요. 따라서, 애초에 스트레스로 머리가 빠지는 인간이 스트레스에 대한 면역을 갖췄을 리 없고 자연스럽게 우린 진화할 기회를 잃은겁니다.

게다가 더 최악인 건 우리 삶의 터전인 인간들은 꼭 잃고 나서야 후회를 하더군요. 거울을 보다가 동전 만한 빈자리가 생기면 그때서야 방방 뛰면서 해결책을 찾죠. 그리곤 우리 동족들이 죽어나간 자리에 이상한 약물을 투입하고 아직 잠들어야 할 아가들을 피부 밖으로 끄집어냅니다. 그걸 보고 있자면, 말로 다 할 수 없을 정도로 끔찍합니다.

저는 제 의지와 상관 없이 이런 광경을 거의 매일 목격합니다. 가끔 우리만의 신호로 환자의 두피에서 살고 있는 동족들에게 어떠냐고 물어보면 하나같이 덥다고 말합니다. 매우 뜨겁다구요. 아마, 스트레스로 생긴 체내의 열이 두피로 달아올라 하루하루 더 뜨거워지는 것일 겁니다. 그들은 저를 볼 때마다 차라리 탈락하는 편이 더 편할 것 같다며 울부짖습니다.

그래서 저는 한동안 인간들이 원망스러웠습니다. 우린 수억 년 동안 당신들의 소중한 피부를 온몸으로 보호해주었는데, 당신들은 그깟 스트레스로 동족들을 위협하고 있습니다. 뜨거움에 몸부림치다가 결국 스스로 생명의 끈을 놓아버리던 그 비참하고 절박한 심정을 아나요?
하긴, 우리가 생명이란 걸 죽었다 깨어나도 모를 인간들이 우리들의 입장을 생각이라도 할까요. 우리의 심정을 아는 것보다 차라리 개가 똥을 끊을 확률이 더 높을 겁니다.

그래서 저는 인간들이 스트레스에 대한 면역을 키울 거라는 기대를 접었습니다. 죽어가는 동족들을 보며 그저 슬퍼할 뿐이죠.

그런데 문제는 요즘 들어 탈모를 고친다는 의사 놈의 두피도 점점 닳아 오른다는 점입니다. 처음엔 문득문득 두피에 열이 오르더니 요즘은 그 시간과 열기가 점점 강해지고 있습니다. 아무도 없는 밤이면 의사 스스로 자신의 머리를 쥐어뜯을 때도 있습니다. 동족들은 산 채로 온몸이 뜯기는 고통을 당하죠.

이쯤 되면 저는 인간이라는 생물이 참 나약하다는 생각이 듭니다. 의사는 인간의 기준으로 매우 안정되고 풍족한 삶을 꾸려가고 있습니다. 안락하고 넓은 집과 남들에게 당당히 내세울 만한 직업, 그리고 예쁜 아내와 토끼같은 자식들. 고급 승용차. 그야말로 모든 걸 가진 사람이죠. 그러나 그는 요즘들어 행복하지 않습니다. 시시때때로 마음속에서 우울한 감정과 화가 용솟음치죠.

과연, 스트레스는 인간과 인간에게 전염이 되는 것일까요 아니면 감정을 가진 생물들의 유전적 결함일까요.
인간에게 빌붙어 삶의 터전을 이루고 그들에게 지식을 흡수하는 한낱 '털' 인 저로선 도저히 가능할 수 없는 고차원적인 문제인 것 같습니다. 다만 조심스레 예상하는 것은 스트레스로 인한 멸종이 우리 동족들의 문제로 끝나진 않을 겁니다. 언젠가 인류는 그들이 만든 스트레스 때문에 스스로 자멸하거나 서로가 서로를 해치는 날이 오지 않을까 조심스레 예측해봅니다.

죽은 농담들이 사는 섬

몸이 점점 뜨거워집니다. 마지막이 오는 것 같군요. 여러분, 꿈같은 이야기겠지만 부디 행복하세요. 여러분이 행복하지 않으면 저 같은 희생모가 생깁니다. 스트레스는 만병의 근원이 아니라 한 종족을 골로 보낼 수 있는 핵폭탄 같은 겁니다. 부디 우리에게 핵폭탄을 쏘지 마세요. 스트레스로 두피에 열을 올리기 전에 방바닥에 힘 없이 나뒹구는 우리 동족들을 생각하세요. 꼭 사지가 절단되고 피가 흘러야 끔찍한 광경은 아닐 겁니다.

여러분, 저는 애석하게도 이젠 뜨거운 감각마저 사라지는 거 같아요. 이제 끝입니다. 이 메세지가 당신에게 언제 닿을진 모르겠지만, 그 순간에도 저는 인류애를 느끼며 여러분의 털, 혹은 저의 동족들이 온전하길 간절히 빕니다.

두피가 점점 뜨거워집니다. 폭염에 달궈진 두피도 이렇지 않았어요. 저 깊숙한 곳부터 올라오는 열기가 끔찍합니다. 몸 구석구석 뜨겁다 못해 차갑고 쓰라린 고통이 전해집니다. 저는 정말 달궈진 팬에 올라간 개구리 같아요. 더 이상 이 두피에 남아있긴 힘들 것 같습니다. 저도 이 의사의 두피에서 버티고 버티어 하얗게 물들고 싶었는데 말이죠.

이제 진짜 작별할 시간입니다. 모근도 안녕, 각질도 안녕, 찬란하게 비추었던 햇살도 안녕. 동족들

이여 안녕. 이제 막 비져나온 뉴비들도 안녕. 모두 모두 안녕. 이 스트레스의 지배를 받는 지긋지긋한 인간들도 진짜로 안 ㄴ...

 스케일이 큰 구라와 찌질한 경험담. 모쪼록 풍성한 하루이길 ······.

죽은 농담들이 사는 섬

소리 없는 웃음들

조성진

오이무침은 그날도 언제나처럼 아침 5시 30분에 일어났다. 시계 알람이 울리기 전에 눈을 뜨고 그는 동쪽을 바라보고 108배를 한 다음 세수를 했다. 그는 6시 30분에 집을 나섰고, 자신의 집에서 두 시간 떨어진 인터넷 마을로 갔다. 오이무침은 자신의 개그를 자랑스러워했지만 요즘 사람들은 이 개그를 크게 웃어주지 않았다. 간혹 어린아이들이 한 번 웃어주고 갔다. 그는 오후 5시까지 사람들에게 발품을 팔러 다녔으나 큰 소득은 없었다.

오이무침이 집에 돌아오는 길에 고주망태가 된 홍길동전을 만났다. 홍길동전은 소주병을 흔들며 오이무침에게 인사를 했다. 오이무침도 인사를 하려고 했지만 홍길동전은 뒤돌아 소리쳤다.

"다 필요 없어! 다 필요 없다고."

홍길동전은 그 자리에 누워 드르렁 코를 골았다. 오이무침은 안타까운 마음에 홍길동전의 주머니에 1,700원을 넣어 주었다. 집으로 돌아가는 길에 순댓국을 먹으려 했던 오이무침은 식당 앞에 도착했다. 오이무침의 주머니에는 4,300원이 들어 있었다. 그는 순댓국집을 한참 바라보다 그 옆에 노점상에서 김밥 한 줄을 샀다. 날이 추워져 오이무침은 얼른 집으로 돌아가려고 했다. 그러나 그는 리어카를 끌며 종이를 줍는 최저임금과 마주쳤다.

"요즘도 웃음 팔고 다니나?"

최저임금은 인사도 없이 종이를 주으며 오이무침을 무시하는 말투로 이야기했다.

"뭐. 은퇴할 때까지 열심히 해보려고요."

"우리가 은퇴가 어디 있어? 웃길 때까지 하는 거지."

오이무침은 최저임금에게 김밥을 건넸다.

"오다 김밥 한 줄이 남았는데 드실래요?"

최저임금은 오이무침을 위아래로 한번 훑더니 김밥을 받았다. 그리고 고맙다는 인사도 없이 어디론가로 달려 나갔다. 그것은 그가 반대편에 박스 뭉치를 봤기 때문이었다. 박스 뭉치를 들고 돌아온 최저임금은 리어카에 상자를 쌓으며 말했다.

"우리도 여기저기 불려 다니며 사람들 입에 오르고 내릴 때가 좋았지. 평생 갈 줄 알았지 뭐야? 식당에서 먹고 싶은 음식을 주문하고는 다 먹지도 못하고 껄껄거리며 즐거워하고. 그래도 너는 끝까지 버티며 이 세계에 남아있다니 자랑스럽다."

오이무침은 무언가를 이야기하려고 하다 포기하고 뒤돌아섰다. 오이무침은 길을 걸으며 생각했다.

'오이가 무를 때리면? 오이무침. 억양을 조금 바꿔볼까? 타이밍을 바꿔볼까?'
'그런데 오이가 죽었다. 오이는 어떻게 됐을까? 오이(땅에)무침. 사람들이 이해하기 힘들까?'
'이 개그가 재미없을 때 하는 말은? 오!이!(개그)무침. 재미없나?'

다음 날 아침, 오이무침이 일어났을 때 무릎이 너무 아파 108배를 하지 못하고 길을 나섰다. 그는 무릎이 깨질 것 같이 아팠지만 계속 걸었다. 날은 매우 추웠고 칼날같은 찬바람이 불어 무릎이 더욱 쑤셔왔다. 오이무침은 인터넷 마을에 들어가기 전에 결국 길바닥에 쓰러졌다. 다행히 이를 홍길동전이 보고 오이무침의 무릎에 소주를 부었다. 오이무침이 뭐한 거냐고 묻자 그는 머리를 긁적이며 말했다.

"이게 아닌가?"

오이무침은 홍길동전의 붉은 코를 보며 그가 술에 취해 있다는 걸 뒤늦게 알았다. 홍길동전이 머리를 긁적이는 동안 다행히 최저임금이 종이를 줍다 그들을 발견했다. 두 사람은 오이무침을 리어카에 태우고 그를 보건소로 데려갔다.

보건소 의사는 오이무침의 무릎을 두드리며 깊은 한숨을 쉬었다.

"너무 많이 사용했어요. 일상적인 생활은 가능하지만 더 이상 웃기러 다니면 평생 못 걸을 수도 있습니다."
"선생님 전 아직 할일이 많은데요?"
"이제 그만두셔야 합니다."
"제가 아는 은사님이 은퇴란 없다고 하셨는데요."

의사는 고개를 절레절레 흔들었다. 그는 안경을 벗고 오이무침의 어깨를 한 손으로 두드렸다. 그리고 오이무침의 심정을 충분히 이해한다고 이야기했다.

"세상에서 빵을 제일 많이 사는 사람이 누군지 아시오?"
"모르겠는데요?"
"제빵사"
"처음 들어 봅니다."
"그렇지요. 세상에 빛조차 못 보고 은퇴한 친구죠. 그는 좌절했지만 결국 극복하고 의대에 갑니다."

의사는 어깨를 으쓱해 보였다.

"제 2의 인생을 살도록 노력해보세요."
"알겠습니다. 선생님."

오이무침이 절룩거리며 병원을 나왔을 때는 홍길동전과 최저임금이 그를 기다리고 있었다. 오이무침은 하늘을 보았다. 미세먼지와 황사로 얼룩진 하늘 위에는 구름 한 점 보이지 않았다.

오이무침: '오이가 무를 때렸다를 네 글자로 줄이면?' 의 아재 개그.
홍길동전: '빨간 길 위의 동전을 사자성어로 뭐라고 하는가?' 의 옛날 개그.
최저임금: '세상에서 가장 가난한 왕은?' 의 허무 개그.

 인생이란 역경의 파도에서 희망을 헤엄치는 과정이 아닐까요?

죽은 농담들이 사는 섬

신종인류

정다영

2059년. 독일의 과학발전연구재단 'GTS'에서 뇌과학자, 심리학자, 사회학자 총 239명의 학자가 모여 만든 <클리어 케이스>가 발명되었다. 반원 모양의 헬멧 모양의 기계로, 머리에 장착하고 스위치를 켜면 뇌파 분석을 통해 '분노, 슬픔, 질투심, 외로움' 등 부정적인 감정을 리셋한다. 7년 전 발명되었던 일시적 기억을 모두 삭제하는 기계 <선샤인 케이스>와는 다른 개념. 약 45년 전 2004년작 영화 '이터널 선샤인'에서 언급된 기능으로, 위 영화에서 이름을 따 <선샤인 케이스>라 이름 붙였다. 기억은 그대로 유지하되 감정만 삭제하는 신개념 기계이다.

"아, 개운하다."

"어디 다녀온 거야?"

"그냥 밖에. 오늘 대박이었어. 습도 43%, 미세 농도 지수 57."

"아, 걷다 왔구나? 그래 오늘 같은 날이 없었지 요즘."

"맞다, 나 샤워하는 동안 클리어 케이스 좀 꺼내줘."

"왜? 무슨 일 있었어?"

"아니, 오는 길에 고양이 죽은 거 봤어."

"클리어 셋팅해둘게. 얼른 다녀와. 강도는 몇으로 해줄까?"

"1단 정도면 괜찮지 않나."

"글쎄, 너 고양이 무서워하지 않아?"

"무서워한다기보단 좀… 아, 그냥 2단으로 부탁해."

"응, 따뜻한 물로 충분히 씻고 나와."

"역시 클리어하고 나니까 기분 좋다."

"다행이다. 음악 좀 켜줄까?"

"응, 고마워."

"조명 컴포터블 레벨로 세팅해놨어. 피곤할까 봐."

"갑자기 생각난 건데, 클리어 케이스가 언제부터 있었지?"

"음, 우리 부모님 세대만 해도 없었을 걸."

"그땐 어땠는지 들은 적 있어?"

"3-40년 전이었으니까, 많이 힘들지 않으셨을까?"

"공기는 지금보다 훨씬 좋았다고 들었는데."

"그치. 그래도 그땐 지금처럼 다양한 클리어 케이스가 없었으니까. 훨씬 피곤하지 않았을까."

"그래도 좀더 행복했을까?"

"왜, 자기 지금 불행해?"

"아니. 그건 아닌데 나중에 이 시간을 다시 되돌아봤을 때 일부러 선별해서 남겨둔 기억밖에 없다는 게 갑자기 좀 허무해져서. 예전에 엄마가 썼던 책 보면 엄청 힘들어하고, 고통스러워하고 또 기뻐하고 그러잖아. 신기해서."

"그래도 우리가 만난 건 클리어 케이스 때문이잖아. 그래서 난 다행이라고 생각해."

"맞아, 자기 전 남자친구 이름 뭐였다고 했지?(웃음)"

"기억 안 나. 다 지웠잖아. 친구들 말로는 그때 죽으려고 했다는데, 모르겠어. 지금처럼 이렇게 행복해질

죽은 농담들이 사는 섬 67

걸 알았다면 죽으려고 하지도, 기억을 지우지도 않았을 거야."

"그건 모르지. 어떻게 되었을지는 누구도 모를 거야."

"…사랑해."

"나도."

지금보다 40년쯤 미래의 이야기를 써봤습니다. 내 아이가 자라 내가 쓴 책을 읽으며 '우리 엄마는 어떻게 살았을까'를 궁금해하면 어떨까 했습니다. 미세먼지가 지독했던 2019년의 어느 날 기록한 글. 언젠가 실재가 되지 않을까, 예언에 가까운 글을 쓰고 싶었습니다.

서울화 (도시남녀)

4장

서울학 (도시남녀)

마리오 오딧세이

조성진

11011 오른쪽 이동.
010011010 점프.
00010110010101 공격.
11011 010011010 오른쪽으로 점프하기.
11011 010011010 00010110010101 오른쪽으로 점프하며 공격.

마리오는 오늘도 뛰고 구름 위로 점프하다 낭떠러지에서 떨어지지. 나는 수천만 번 죽고 다시 살아나 허벅지가 터질 정도로 다시 뛰어다녀. 나 마리오는 수천억 번 죽으면서도 너희를 위해 항상 다시 태어나지.

버튼을 간단히 누르지 마! 그리고 마리오가 너희들 명령에 쉽게 움직인다고 생각하지 마! 마리오 일반 버전이 없어지고 새 버전인 '오딧세이'까지 출시된 건 오리지널 마리오의 무릎이 아작이 나서야. 새로운 마리오를 너무 혹사하지 마!

너도 마리오처럼 상사의 생각 없는 명령에 항상 고통받잖아. 버튼을 소중히 눌러. 너도 부장님의 말 한마디에 야근하며 내장이 꼬일 대로 꼬였잖아. 그러니 날 소중히 대해줘. 우리는 모두 직장인 마리오! 그러니 날 소중히 대해줘.

 몇 년 만에 이 글을 다시 보니 검정치마의 'Dientes'와 영화 '족구왕'이 떠오르네요.

해방촌, 일주일

정다영

1일
우리는 해방촌에서 만나기로 했다.
비가 많이 오는 일요일 밤이었고
택시 안 라디오에서는 일기예보가 흘러나오고 있었다.
"가을 장마의 영향으로 서울 등 수도권에 물 폭탄이…."

유리창 밖으로 쏟아지는 비를 보면서 조금 설렜다.
'일요일 저녁 7시에 해방촌에 가고 있다니, 과감해'
우리는 한라산 한 병을 만 원에 파는 힙한 어느 가게에서 우니와 가라아게를 천천히 먹었다.
내가 좋아하는 다찌 자리에 앉아

그가 앉아있는 왼편으로 몸을 기울여 이런저런 이야기를 나누었다.
만난 지 한 시간쯤 된 낯선 사람이 이렇게 편안하게 느껴질 수가 있나.
생전 처음 보는 얼굴 손 발 이런 것들을 바라보는데 가만히 닿은 채로 마주하게 된다고 해도 어색하지 않을 것 같았다.

브라운 컬러의 바스락거리는 셔츠와
초록색 짧은 반바지,
풀 냄새에 가까운 낯선 향수 냄새,
가지런하게 다듬어진 턱수염,
비가 와서 우산 하나를 나눠 쓰고
옆에 붙어 그 사람의 팔을 살짝 잡았다.
손이 따뜻하네. 그가 말했다.
그런가? 내가 대답했다.

우리 둘이 아기 낳으면
엄청 귀엽게 생겼을 것 같아.
너 얼굴 보니까 그런 생각 들어.
여자아이면 좋겠다. 그치?
신혼 여행은 LA로 가자 올해 안에 하면
부모님들이 좋아하시겠다.
원래 소개팅 하면 이런 이야기 하는 건가 하면서 둘

이서 깔깔거렸다.

우리 엄마가 너 좋아할 거 같아.
나 니네 아버지랑 잘 맞을 거 같아.
너가 말했다.

나에 대해서 뭘 알아요?
알아. 내가 사람 보는 눈이 있거든.

그런 확신에 찬 눈빛은 곤란해.
그렇게 쳐다보지 말아줘 나 금사빠란 말이야.
이제 더는 들뜨기 싫은데.

생각하자.
이럴 때일 수록 예민하게
모든 걸 살펴야한다구.

2일
그 사람이 사는 동네
내가 사는 동네
우리 회사
하나씩 거리를 계산해보는데

전부 다 멀어.
미치겠어.

지나가는 길에 들르라는 둥
내가 지나가다 들르겠다는 둥
그런 말은 택도 없는 거리.

나는 왜 만난 첫날부터
우리 사이의 예쁜 아이를 상상해버린 걸까.
결혼하자는 말 당연히 숨김이었을 텐데.
혼자 들떠버린 내가 정말 싫다.

근데
언제 또 만나자는 이야긴 왜 안 하지?

3일
-낮-
세상에 핸드폰과 나 둘 뿐인 것처럼
자꾸 핸드폰만 들여다본다.
회사 일은 당연히 반에 반도 못했다.
왜 어제보다 무뚝뚝한 것처럼 느껴지지.
내 머릿속은

얼음이 꽝꽝 얼었다가 폭염주의보가 내렸다가
끝도 없이 반복되었다.

이럴 때 나는 그 생각을 어떻게든 잊어보려고
친구를 만나거나, 안 하던 운동을 한다.
그런 시간이 재밌을 리가 없지.

그러다 너에게 연락이 오면
잔뜩 웃음기를 머금고
달려나가겠지.

근데 도대체 언제 말하는 거야.
우리가 만나기 전에는 그렇게 보고 싶어하더니.
왜 만나고 나니까 또 만나자는 말을 안하는거야.
내가 해도 되지만 그래도 기다릴 거야.

-밤-
그 사람에게서 연락이 왔다.
네가 아니라, 내 인생을 망치러 온 전남친에게서.
한달 내내 이 새끼 연락을 너무나 너무나 기다렸는데,
왜 이런 타이밍일까.

덕분에 롤러코스터를 타던 감정은 잠잠해졌다.

너를 너무나 궁금해하고 보고 싶어하던
낮 시간의 나는 없어진 것처럼.

네가 만나자고 하지 않는다고 종종거리지도
왜 이렇게 나를 차갑게 대하냐고 섭섭해하지도
않았다. 이내 평온해졌다.

내일의 나는 어떻게 될까.
내일은 그 사람을 만나기로 했다.

4일
택시를 타고 그 사람의 카페 건너편에 내렸다.
멀리서 카페를 바라보면서, 두 번째 만남을 하기엔
밝은 조명이라고 생각했다.
카페 유리창 밖에서 안을 기웃거리다 눈이 마주쳤다.

"아이스 아메리카노 주세요." 헤헤 웃으면서 그 사람 얼굴을 흘끔 본다.
아 저렇게 생겼었지. 하고 새삼 신기했다.
커피를 자리로 갖다 주고 "배고프지? 브라우니도 줄까?" 라고 해서 고개를 끄덕였다.
브라우니를 꺼내러 가는 뒷모습을 보면서

자리에서 일어나 그 뒤를 종종 따라갔다.
"데워줄까? 아니면 바로 먹을래?" 라는 물음에도 나는 헤헤 하고 웃었다. 며칠 전 술에 취해 결혼이니 아들이니 딸이니 이야기하던 모습은 어디 갔을까.
우물쭈물 쭈뼛거리는 모습이 귀엽다.

카페 문을 닫을 때까지 (손님이 모두 나갈 때까지) 나는 구석에서 책을 읽었다.
손님들이 나가고 나니, 내가 책을 읽고 있는 쪽 조명만 낮게 켜두고 밝은 조명은 꺼주었다.

나는 들어 오면서 커피를 주문했던 카운터에서 턱을 괴고,
돈을 세고 테이블을 정리하는 모습을 보면서
"사장님 오늘 돈 좀 벌었어요?" 말하면서 웃었더니
"아니. 빚내서 오늘 너 참치 사주려고" 대답했다.
아재 같다. 근데 귀여운 구석이 있는 사람.

5일
마음이 너무 힘들다.
회사에서도 집중이 안 되고 계속 힘이 빠진다.

구원자 개새끼가 자꾸만 소개팅남의 안부를 묻는다. 뭐하는 사람이냐고.
홧김에 온갖 이야길 다 했더니, 그때처럼 그렇게 사라져버렸다.
이제 내 삶에 본인은 전혀 없어진 것 같다고. 전부 다 잊혀진 것 같다고.

내가 이렇게 다른 누구에게 노력하는 이유를 너는 모르나 봐.
너한테 벗어날 수 있게 해줘 제발.
와인을 마시다가 서럽게 울었다.

6일

술에 취해서 소개팅 남에게 나를 보고 싶지 않냐고, 왜 이제 나를 보고 싶어하지 않냐고, 마구 카톡을 보냈다.
이런 미친 여자를 봤나.

보내놓고 갑자기 정신이 확 들어서
내가 보낸 카톡을 보는 게 무섭고 괴로워서
카톡방을 삭제하고 핸드폰을 덮어두고 잠자코 있었다.

한참 지나고 열어본 핸드폰에는
소개팅남이 보낸 카톡이 와 있었다.

"보고 싶어"
머릿속이 천둥 치는 것 같은 하루다.

7일
오늘은 주말이라 한낮의 카페에 가봤다.
일주일 내내 지겹게 내리던 비가 그치고
청명하고 맑은 날씨에
바람이 불어 시원했고 하늘이 높았다.
"뭐 해줄까요?"
"음, 우유 들어간 거요"
"플랫화이트?"
끄덕끄덕

플랫화이트 첫 모금을 입에 갖다 대는 순간,
멀리서 빤히 지켜보고 있는 게 느껴진다.
손님이 많아져서 나는 조용히 앉아 일기를 썼다.
주문을 받는 그 사람의 표정을 한참 바라봤다.
다정하지도 않고, 내 말을 잘 듣지도 않는, 호락호락하지 않은 깐깐한 남자다.

그런 사람의 카페에 앉아 일기를 쓰고 있으니
너무 놀랍게도 갑자기 소설을 쓰고 싶다는 생각으로 가득 찼다.
말도 안 되게 사랑에 빠져버린 이야기로 글을 쓰고 싶어졌다.
유리창 밖의 풍경들을 전부 글로 바꾸고 싶다는 생각.
이야기는 그렇게 시작되었다.

 실제인 듯, 아닌 듯, 아슬아슬. 왜 이래요, 원래 소개팅하면 처음 만난 날 2세 생각하고 그러잖아요.

서울화 (도시남녀)

육개장

이지영

　서울에서 춘천으로 급하게 내려간 그날 장례식장에서 본 엄마는 연신 말이 없으셨다. 그날은 할아버지 장례식날이었고 오랜만에 엄마의 육개장을 맛볼 수 있었다. 하얀 일회용기에 국과 밥을 가득 퍼서 플라스틱 수저로 그 빨간 것을 퍼먹었다. 나는 엄마의 육개장을 앉은 자리에서 몇 그릇이나 먹었는지 모른다. 시청 공무원인 외삼촌의 손님들은 육개장이 맛있다며 칭찬 일색이었다. 엄마가 육개장집을 운영했다는 사실을 아는 사람은 그곳에 손님으로 오지 않았다. 죄다 대기업에 다니는 외삼촌과 외숙모들의 손님들뿐이었다. 엄마는 그 구석에서 예년의 그 시절처럼 육개장을 끓였다. 엄마는 끝내 울지 않았다.

동면동 가락시장 사거리 육개장집 첫째 아들이 꿈꿀 수 있는 미래는 한정돼있다. 태어날 때부터 육개장집 아들내미였던 내가 중학교에 들어갈 때까지 우리 집은 육개장집이었고 내 생활반경은 가락시장이었다. 한글도 육개장집에서 깨우쳤으며 시장에 오고 가는 손님들의 가랑이 사이를 넘나들며 놀이터를 대신했다. 신나게 뛰어놀고 들어오면 엄마가 끓여주는 육개장 한 그릇을 먹고 셔터를 내릴 때까지 그 옆을 지키고 있는 것이 나의 일과였고, 어린 나는 초등학생이 되면서 이 삶이 초라한 삶이라는 것을 깨달았다. 그 시절 나의 꿈은 의사 선생님이라던가 과학자를 노래 부르던 반 친구들과 달리 이 시장바닥을 벗어나는 것이었다. 이 시장바닥만 벗어날 수 있다면 나는 무엇이 돼도 상관없었다. 그래서 꾀죄죄하고 초라해 보이는 시장 사람들의 모습만 내 눈에서 보이지 않는다면 그 어떤 것이든 상관없었다.

엄마의 육개장집은 '새벽육개장'이라는 어엿한 이름이 있었지만 시장 손님들은 보통 가락시장 사거리 육개장집이라고 불렀다. 특별한 이름을 가질 수 없는 것이 육개장집의 숙명이었다. 육개장집의 유일한 정체성은 시장에 있다는 것뿐이었다. 시장에 물건을 납품하러 온 사람들을 위해 육개장집은 새벽 다섯 시부터 불을 때웠다. 피곤했지만 그래도 활기찬 나날이었다. 아빠의 사업이 제대로 굴러가지 않아도 사거리 육개장집은 그럭저럭 시장을 지켰다. 가게 상황이 어려워지기 시작한 것은 춘천에 서서히 서울의 자본이 들어오면서부터다. 시장에서 장을 보던 사람들은 동네에 속속들이 생기는 대형 마트로 옮겨갔고, 덩달아 시장 상권의 특혜를 받던 엄마의 육개장집에도 손님들의 발길이 뜸해졌다.

춘천이 서울화 되던 그즈음 나는 초등학교 육학년 새 학기를 앞두고 있었다. 하루는 엄마가 가게 셔터를 일찍 내렸다. 그즈음엔 가게 문을 일찍 닫는 것이 크게 의미가 없었다. 저녁 손님이 뜸해진 지 한참이었기 때문이다. 엄마는 동네에 새로 생겼다는 롯데마트를 가자고 했다. 엄마는 예전부터 내가 노래를 부르던 패션가방과 운동화를 사주고 싶어 했다. 그러나 나는 새 옷을 갖는 기쁨보다 초라한 차림의 엄마와 마트를 가는 부끄러움이 더 크게 느껴졌다. 새로 생긴 마트로 친구들끼리 삼삼오오 몰려 놀러가는 것이 그 시절 우리의 새로운 놀이문화였기에 마트에 가면 반 아이들을 마주칠 것만 같았다. 발목을 꽉 죄는 유행이 한참 지난 고무줄 바지를, 며칠째 입었는지 군데군데 뻘건 육개장 물이

번져 있던 그 바지를 입은 엄마를 두었다는 사실을 나는 학교 아이들에게 들키고 싶지 않았던 것 같다. 그냥 가지 말자고 하면 될 것을 나는 모질게 창피하니까 없어도 된다고 했던 것 같다. 아니 엄마가 창피하다고 말했던가.

시장바닥을 벗어나고 싶다는 꿈은 예기치 않게 실현되었다. 시장이 재개발되면서 근처에 있던 로데오거리 상권과 합쳐지게 된 것이다. 마침 아빠의 사업에 큰돈이 필요했던 엄마는 그 김에 가게를 팔았고 사거리 육개장은 탐앤탐스 커피숍이 되었다. 그 후 난 단 한 번도 사거리를 지나지 않았고 엄마 또한 그쪽으로 발길을 끊었다. 마치 숙명과도 같이 그즈음 나는 입시에 몰두해야 했고 춘천을 뜨기 위해 최선을 다했다. 최선을 다하지 않으면 엄마의 초라한 고무줄 바지를 물려 입어야 할 것 같은 악몽을 꾸곤 했다.

할아버지의 장례식장은 공교롭게도 가락시장 근처였다. 나의 유년시절. 그곳에서 할아버지와 영원한 안녕을 고했다. 영안실 창밖으로 프랜차이즈 육개장집이 눈에 들어왔다. 엄마의 육개장집과도 멀리 떨어져 있지 않은 거리였다. 간판에는 24시간이라는 표시가 웅장하게 자랑하듯 크게 박혀 있었다. 엄마라면 24시간은 택도 없었을 것이다. 요즘 세상은 과거에 불가능한 것들을 턱턱 해낸다. 장례식장이 답답했던 나는 식당 앞으로 발길을 옮겼고 원조육개장이라는 프랜차이즈식 육개장을 한 그릇 시켰다. 수백 번의 연구 끝에 탄생하였을 육개장집의 국물은 일품이었다. 이 역시도 엄마 혼자서는 발견하지 못했을 맛의 경지였다. 재료도 아끼지 않고 듬뿍듬뿍 들어있다. 요즘 세상은 대형 자본이라는 이름으로 불가능한 것들을 턱턱 잘도 해낸다. 너무도 쉽게 원조의 맛을 뛰어넘는다. 엄마가 여전히 가락시장 사거리를 지키고 있었더라면 24시간도, 이런 깊은 맛의 육개장도 불가능했을 것이다.

육개장은 오래 끓일수록 맛이 좋다고 한다. 그러나 세상은 홀로 오래된 것에는 관심 없다. 가치가 없으면 제거될 뿐이다. 그리고 더 새로운 것, 더 좋은 기술로 대체된다. 오래된 인생 또한 맛이 없다. 오래 끓일수록 삭는 법이다. 오래된 것일수록 가치가 있다는 말은 아마 초라한 사람들을 위로하기 위해 만든 말일 것이다. 나는 이 진실을 깨닫기까지 언 삼십 년이 걸렸다. 오래된 것들의 가치는 그 누구에게도 중요하지 않다. 나는 바닥이 보일 때까지 육개장 그릇을 싹싹 긁어 꼭꼭 씹어 삼켰다.

 맛있는 걸 먹어도 자꾸 딴 생각을 하게 돼요.

서울화 (도시남녀)

운명으로 진화되지 못한 우연에 대하여

박민지

아프게 지나간 우연이 있었다.

2년 전, 늦여름 햇볕이 아스팔트 위에서 증발 중이던 어느 주말, 나는 잠시 외출을 하고 돌아오는 길이었다. 집 앞 골목길에 다다르자 쪼그리고 앉아 무언가를 지독하게 응시하고 있는 아빠가 보였다. 아빠 뭐해? 응 꼬맹이 봐. 저기 봐. 쟤가 꼬맹이야.

아빠의 시선 끝엔 호박색 눈동자를 가진 작은 고양이 한 마리가 우리를 경계하듯 보고 있었다. 탯줄 끊은 자국도 채 가시지 않은 듯한 작은 고양이 한 마리는, 그날 우연히 우리집 근처에 있었고,

또 우연히 아빠의 눈에 띄어 어느 날 문득 내게 꼬맹이가 되었다.

온기를 가진 생명의 힘이란 생각보다 강력했다. 골목을 오가며 생존의 유무만 확인하던 사이에서, 점점 안부가 궁금해지는 사이가 되었고 어느새 나의 겉옷 주머니엔 꼬맹이에게 줄 간식이 들어 있었다. 그리고 늦은 시간 텅 빈 골목길에 들어설 때쯤, 꼬맹아 하고 낮은 소리로 부르면 녀석은 곧 튀어나와 앵앵거리며 내 정강이에 머리를 비벼댔다.

심지어 내가 타박타박 걸어가기 시작하면 고양이 세수에 정신없던 꼬맹이는 꼬리를 바싹 세우고 우리집 앞까지 졸래졸래 따라왔다. 어머, 너 지금 나 따라오는 거니? 골골 골골. 녀석은 우리집 앞까지 바싹 따라붙다가도, 내가 건물로 들어갈 때쯤 계단 앞에 오도카니 앉아 집으로 올라가는 내 모습을 빤히 바라보았다.

그해 겨울. 유난히 밤길을 무서워하던 나는, 어두운 골목길을 홀로 지날 때면 내 정강이 높이도 안 되던 작은 고양이에게 의지했다. 아침도 먹지 못하고 나서던 피곤한 출근길도 큰길까지 따라 나오는 꼬맹이 덕분에 기분 좋게 하루를 시작할 수 있었다. 골골 골골 소리를 듣고, 유연한 몸을 쓰다듬었다. 무럭무럭 자라 거대해진 꼬맹이를 품에 가득 안아들었고 때때로 녀석과 눈을 맞추었다. 한겨울이었음에도, 꼬맹이와 나의 주변은 온통 꽃밭이었다.

사실 생각해보면 녀석과의 만남은 대부분이 우연이었다. 아무리 이 골목에 터를 잡은 고양이라도, 어느 날은 하루 이틀씩 안보이다가 또 어느 날 저녁엔 언제 그랬냐는 듯 골목에 나타났다. 우린 우연의 힘을 빌려야 비로소 만날 수 있었다. 이렇게 오며 가며 이웃 주민처럼 만나는 꼬맹이와의 거리는 꽤 적당하다 생각했고, 심지어 사소한 우연에 제법 설렜다.

하지만 내가 진정 꼬맹이를 사랑했노라 기어코 이야기하자면, 나는 이 얄팍한 우연을 더 강력한 운명으로 진화시키기 위해 노력했어야 했다.

동물을 좋아하는 아빠와 달리 엄마는 동물을 유난히 싫어했다. 물론 처음부터 싫어한 건 아니었다. 내가 양수 속을 뻐끔거리며 헤엄칠 적, 우연히 동물 냄새를 맡고 기함한 뒤로 엄마는 네발 달린 동물이라면 병적으로 싫어하기 시작했다고 한다. 내가 잉태되고 나서의 일이었다. 순전히 나 때문이다. 그래서 나는 더욱 더 엄마를 이겨먹을 자신이 없었다. 그럼에도 나는 꼬맹이를 위해 조금 더 나

쁜 딸이 되어 엄마를 설득했어야 했다. 왜냐하면,

내가 모르던 꼬맹이의 시간이 있었다.

바람이 제법 가벼운 날이었다. 지하철 역에 내리자 이름 모를 꽃 향기가 목덜미를 간지럽혔다. 새 계절이 왔다. 나는 괜스레 기분이 좋아져 예정에도 없던 치킨을 사들고 퇴근하는 길이었다. 사뿐사뿐 골목으로 걸어가 평소처럼 꼬맹아 하고 낮은 소리로 녀석을 불렀다. 꼬맹아, 꼬맹아. 한참을 불렀지만 녀석은 나타나지 않았다. 예감이, 좋지 않았다. 나는 골목 한가운데 서서 두 발을 동동 구르다 근처 수선집 할머니께 꼬맹이는 어디 갔냐고 물었다. 그리고 나는 아주아주 깊게 내려앉았다.

사건의 전말은 이러했다. 이 골목에서 마냥 사랑받을 줄 알았던 꼬맹이를 유난히 싫어하는 아저씨가 있었다. 내가 회사에 있던 낮 동안 꼬맹이 때문에 골목에 고양이가 꼬인다며 녀석을 못살게 굴었다고 한다. 하루하루 학대의 강도가 심해지자, 그것을 보다 못한 수선집 할머니가 꼬맹이를 다른 가정에 입양을 보냈다고 했다. 미움과 학대를 받고 거리를 헤매는 것보다 차라리 그 편이 좋을 것 같다는 판단이었다고 한다.

나는 할머니에게 그 어떤 말도 하지 못한 채 집

에 들어왔다. 그리고 아무 일도 없다는 듯 사온 치킨을 뜯어먹기 시작했다. 그저 우연히 집 앞에서 만나면 나를 따라다니고 발 밑에서 애교를 부리던 고양이 하나가 사라졌을 뿐이다. 단지 그뿐일 줄 알았는데, 이내 어린아이처럼 서럽게 엉엉 울었다. 사놓고 채워주지 못한 목의 방울도, 아직 남아있는 꼬맹이의 간식도, 그동안 찍어놓은 사진들도 모두 모두 울고 있었다.

길고양이라는 말이 무색하게 유난히 애교가 많고 사람을 잘 따르는 꼬맹이. 그런 꼬맹이를 못 잡아먹어 안달났다던 그 아저씨. 세상에 존재하는 모든 부정적인 수식어를 가져다 붙여도 모자를 사람.

나는 얼굴도, 사는 곳도 모르는 그 아저씨를 마음속으로 있는 힘껏 저주했다. 한 사람을 향한 미움은 점점 커졌고, 먹물처럼 번지고, 팝콘처럼 넘쳐나 결국 꼬맹이를 보낸다는 한마디조차 하지 않은 수선집 할머니마저 원망스러웠다. 차라리, 이 모든 사실이 꼬맹이와 나의 사이를 질투한 할머니의 거짓말이었으면.

꼬맹이가 사라진 후, 나는 골목길에 홀로 난파되었다. 집 앞 골목길을 혼자 지나갈 때면 곧 녀석이 애옹 하며 튀어나올 것만 같았다. 회사에서도 내 발아래를 왔다갔다하던 녀석의 모습이 눈 앞에 아른거렸다. 꼬맹이가 앉아있던 아스팔트 위로 낮게 뒹굴거리는 봄볕마저 새삼 밉살맞아 보였다.

하지만 나는 꼬맹이를 굳이 찾아 나서지 않았다. 내 사랑이 여기까지인 걸 어떡하니, 라는 치사한 변명을 해도 좋다. 그저 마음이 아파지는 건, 내가 없던 골목에서 꼬맹이가 홀로 그 시간을 버텼다는 사실이다. 누군가에게 지독한 미움을 받는 시간을 그 작은 몸뚱이로 어떻게 버텨낸 걸까. 꼬맹이와 함께한 나는, 그저 행복했으니까 꼬맹이도 그럴 거라 함부로 판단한 건 아닌지. 꼬맹이가 홀로 견딘 시간을 조금만 일찍 알았더라면, 나로 인해 동물이라면 끔찍해 하는 엄마를 어떻게든 설득해서 집으로 데려올 수 있었을까.

꼬맹이와 헤어지고 여섯 계절이 지났고, 아무리 돌이켜 생각해 보아도 나는 아마 못했을 것이다. 정말로, 꼬맹이를 위한 그 무엇도 못했을 것이므로, 나는 이 우연을 운명으로 진화시킬 자격조차 없던 사람이었다. 그 춥던 한겨울. 꼬맹이가 이 골목에 있을 때에도, 내 등이 따뜻해지고 나서야 밖에서 떨고 있을 꼬맹이를 걱정했다. 꼬맹이가 사라지고 나선 이별에 마음 아파하기보다 꼬맹이 없는 골목에 홀로 남겨질 내가 더 싫었다. 심지어 홀로 방치되었던 꼬맹이가 조금 더 이 골목에 남았으면 하는 생각까지 들었다. 수선집 할머니를 원망할 것도 없이, 나도 결국 내 사정밖에 모르는 기지배였고, 꼬맹이를 향한 마음은 나쁜 집착이었으며 염치없는 사랑이었다.

다만, 지금에서야 간절히 바라는 것은 아프게 지나가버린 우연이자 단단히 엮이지 못한 운명일지라도, 그해 겨울. 너로 인해 염치없이 꽃밭을 걸었던 사람도 있다는 것을 알아주길.

그곳에선 남은 생은 행복했으면, 정말로 행복했으면 좋겠다.

 꼬맹아..

그 애

5장

―― 그 애

오월의 코타키나발루, 시월의 홍콩

이지영

　코타키나발루에서의 마지막 밤엔 비가 내리고 있다. 어제와 같은 거센 비바람은 아니지만 천천히, 그러나 꾸준히 폭풍우는 세기를 높여가고 있다. 7년 전 홍콩의 10월도 지금과 비슷했다. 10월의 홍콩은 지금의 코타키나발루보다 좀더 습했고, 더웠고, 태풍이 잦았다. 그 당시 나는 교환학생 신분으로 홍콩에서 대학생활을 만끽하고 있었다.

　내가 머물렀던 기숙사 9홀은 법학과 교수가 관리하고 있어 다른 홀에 비해 규칙이 상당히 엄격했다. 그로 인해 평소에도 정숙함을 유지하던 기숙사는 본가로 되돌아간 홍콩 학생들과 여행 다니기에 바쁜 외국 학생 무리들이 빠진 주말이 되면 더없이 조용했다.

폭풍 경보가 발령돼 거센 비가 몰아치던 10월의 어느 토요일 오후. 일찍이 집으로 돌아간 애들이 대다수인 기숙사 안은 한적했다. 비가 쏟아지기 시작하자 몇몇 학생들이 부산스럽게 옥상으로 달려나가 걸려 있던 빨래를 잽싸게 걷어왔다. 모두가 방에 틀어박혀 무언가를 하고 있었다. 비는 점점 거세져 고요한 기숙사에선 창문에 떨어지는 빗소리만 울렸다. 내 방 책상에 앉아 무료하게 컴퓨터 모니터를 바라보고 있는데 MSN 메시지 창이 하나 떴다. 그 애였다. 그 애 또한 나처럼 기숙사에 남아 있는 몇 안 되는 사람이었다.

-비 오니까 나가자.
-나가자고? 천둥번개도 치는데?
-태풍경보가 8일 때는 흔치 않아. 지금이 가장 환상적이라고. 이럴 때 온몸으로 비를 맞아보는 기회가 얼마나 있을 거라고 생각해?

홍콩의 태풍경보는 단계가 존재했다. 7이면 학교는 휴교했고 8이면 모든 외출을 삼가야 했다. 홍콩 정부의 지침을 따른다면 우리는 얌전히 기숙사 안에 있어야 했다. 하지만 머리보다 가슴이 먼저 반응했다. 이미 나는 설레고 있었다. 그 애와 가능하면 좀더 많은 시간을 보내고 싶었다. 나는 곧 한국으로 떠나야 했기 때문이었다. 한국말이라곤 친구들에게 주워들은 비속어가 전부인 그 애가 나는 여전히 궁금했다. 그 애에게 고등학교 시절부터 사귄 오래된 여자친구가 있었음에도 불구하고.

—그래. 가자.

메신저에 답을 쓰고 나는 서둘러 복도로 나왔다. 그 애는 내 메시지를 본 걸까. 복도엔 아무도 없다. 조용한 복도를 가로지르며 그 애의 방을 지나쳤다. 노크할까 잠시 고민했지만 싱거운 사람 같잖아. 엘리베이터 쪽으로 다 와서야 뒤편에서 방문이 열리는 소리가 들렸다. 그 애가 나왔다. 우리는 폭풍우를 맞으러 간다. 우산도 없이. 둘이서.

엘레베이터를 타자, 머릿속에선 폭풍 걱정보다 우리 사이에 흐르는 어색한 정적이 더 걱정됐다. 우린 지금 너와 나 단둘이 비를 맞으러 가는데 넌 어째서 아무 말이 없는 걸까? 적막이 어색해 어설픈 농담이라도 하고 싶었지만 적당한 말이 생각나지 않았다. 싱겁게 웃고 싶진 않아서 할말을 고민하는 사이 엘리베이터는 벌써 일층에 도착했다.

엄청난 비바람이 눈앞에 펼쳐졌다. 그 애는 고

민도 없이 성큼성큼 걸어나간다. 시끌벅적했던 기숙사엔 빗소리만 가득하다.

코타키나발루의 번개는 번쩍이며 그 세력을 더해가고 있다. 공항으로 가는 배를 탈 시간이 한 시간 앞으로 다가왔지만 그칠 거라던 비는 웬일인지 거세기만 하다. 배에 탑승할 저녁 아홉 시경에는 문제없을 거라던 직원은 나와 눈이 마주치자 난처한 표정을 짓는다. 난처한 건 나인데요. 불안함에 직원에게 묻는다. "저는 오늘 한국에 갈 수 있는 걸까요. 내일은 출근해야 하는걸요. 또다시 폭풍을 맞을 순 없어요."

폭우는 계속되었다. 비와 바람을 동반한 호우는 과거의 그때나 지금이나 그칠 기미를 보이지 않았다.

기숙사 광장으로 걸어나간 그 애의 뒤를 따라 나도 바깥으로 발걸음을 옮겼다. 비가 후두둑 금세 나를 적셨다. 바람이 거셌다. 그 애를 쳐다보자 나를 향해 몸을 한껏 기울이며 뭔가 말한다. 바람이 부는 방향대로 몸을 기울이라고 소리친다. 그 애의 지시에 따라 몸을 기울이자 바람이 어찌나 센지 마치 하늘에 떠 있는 것 같은 기분이었다. 그 애의 말대로 바람에 몸을 맡기니 바람의 방향에 따라 몸이 제멋대로 움직였다. 몸이 붕 뜨는 느낌이 들며 정말로 나의 두 발은 서서히 땅에서 떨어졌다. 폭풍우는 빗소리와 그 애의 목소리가 전부인 곳으로 우리를 떨어뜨렸다. 그날 그 시간 그곳에는 우리밖에 없었다. 바람에 휘청거려 발을 헛디디자 그 애는 내 손을 잡았다. 아니 잡으려다 말았던가. 아마 잡지 않았던 것 같다. 바람 부는 그날의 오후가 꿈속인지 상상 속인지 현실인지 헷갈리고야 만다.

그 애와 나 둘 다 걸친 옷이 전부 푹 젖은 채 기숙사 엘리베이터를 탔다. 오늘 이 비를 맞은 것은 우리 둘 뿐이고 그 사실도 우리 둘밖에 모르는 비밀이다. 온몸이 뜨거웠다. 엘리베이터가 7층에 도착하고 문이 열리자 703호 K의 깜짝 놀라는 눈과 마주쳤다. "둘이 어디서 뭘 한 거야?" 그 애는 답한다. "비 맞고 왔어." "둘이서?" "엉." 대수롭지 않은 대답. 나는 어느새 그 애의 숨소리 하나하나에도 의미를 붙이고 있다.

비가 기적적으로 그쳤다. 배에 탑승할 시간이 다가오자 천둥번개는 사라지고 거짓말같이 세상이

고요해졌다. '여기는 폭풍우가 정말 심해요. 한국도 장마죠. 저는 비행기를 놓쳤어요. 이번 프로젝트는 팀장님께서 마무리를 해주셔야 할 것 같아요.' 같은 가당치도 않은 상상은 결국 현실이 되지 못했다. 코타키나발루에서의 마지막 밤은 그렇게 시시하게 막을 내리고 있었다.

홍콩에서 한국으로 돌아온 그해 나는 바로 복학했고 취업 준비로 학교에서의 시간은 빠르게 지나갔다. 시간은 숨 쉴 틈 없이 지나가 이제 홍콩에서의 추억은 아주 가끔 생각난다. 출장 차 한국에 자주 오는 K를 몇 해 전 만난 적 있다. K와 세 번을 만난 뒤에야 나는 용기를 내 그 애의 안부를 물었다. 한국에 돌아온 직후에 나와 연락을 끊어버린 그 애의 안부를 K 또한 모른다고 했다. 그 애의 여자친구는 가끔 학교에서 봤지만 그 애는 내가 한국으로 떠난 그다음 해에 바로 졸업하고 기숙사 무리 중 어느 누구와도 연락하는 이가 없다고 했다. 그 애는 어쩌면 정말 내 머릿속으로 사라진 걸지도 모른다. 마음이 먹먹해졌지만 이내 다른 화젯거리로 대화가 옮겨가자 그 애에 대한 이야기는 가볍게 흘러가버리고 만다.

덥고 습한 우기의 어느 여행지에서 장마를 마주할 때면 가끔은 그날이 생각난다. 해가 거듭될수록 어쩌다 생각나고 드물게 추억하게 되지만 나는 여전히 그날의 꿈을 꾼다.

 어느날보니 MSN이 사라졌더군요. 추억은 그대론데, 추억할 매개체가 사라졌다는 것이 슬프네요.

―――――――――――――――― 그 애

성혁이

김원재

 사람들이 어쩜 그렇게 무식해? 게으르고, 욕심도 없고. 엄마는 걸핏하면 동네 사람들 흉을 봤다.

 강에 붙은 마을이라 먹을 게 많아 그렇지.
 마을 대표인 아빠는 변명하곤 했다.

 무식의 기준이 학벌이라면, 엄마의 말은 사실이었다. 우리 마을엔 1990년대 중반까지도 대학을 나온 사람이 한 명도 없었다. 그러는 엄마도 고졸이었다. 하지만 엄마는 서울에서 고등학교를 나온 서울 새댁이었다. 그 점이 아주 달랐다.

 나, 티코 한 대만 사줘. 내가 면허 따서 서은이

학교 데려다주고 데려올게.

엄마는 아빠와 자주 싸웠다. 이유는 나였다. 엄마는 나를 신도시로 전학시키고 싶어 했다.

아니 가까운 학교를 두고, 생고생을 왜 시켜. 왔다 갔다만 해도 두 시간인데.

그럼, 서은이 이 촌구석에 썩게 둬? 저 멍청한 애들이랑?

엄마는 속이 터지는 것 같았다. 아빠의 속 편한 대답에.

한 반 스무 명짜리 시골 학교 다니다, 대학도 못 가면 어쩌려고!

그러나, 아빠의 머릿속은 늘 예상보다 더 태평했다.

지금도 1등인데 뭐가 걱정이야.

내 친구들은 뮤직뱅크도, 순풍 산부인과도 실컷 봤다. 반장네 집엔 패미콤은 있었지만, 책은 전과뿐이었다. 나로 말하자면 7시 이후엔 TV를 볼 수 없었다. 책장엔 엄마가 큰맘 먹고 산 브리태니커 백과사전과 각종 명작소설이 있었다. 우리집은 바이올린 보면대와 피아노가 모두 있는 유일한 집이었다. 윤선생 전화 영어도, 신문 NIE도 오직 나만 하는 것이었다. 나는 능내리 촌구석에서 가장 서울에 가까운 아이였다. 서울 새댁이 낳은 딸이니까 1등은 당연했다.

 방에서 엄마 아빠가 싸우는 소리를 들으며 나는 신도시의 학교를 떠올렸다. 한 학년에 반이 15개씩 있는 큰 학교. 실내 체육관이 따로 있고, 축구부도, 육상부도 모두 있는 학교. 그런 학교 정문에 예쁜 치마를 입고 차에서 내리는 내 모습을 상상했다. 내가 서울에서 태어났으면, 나도 서울 이모만큼 예뻤을까.

 3학년 겨울방학도 신도시로 전학 가지 못하고 끝났다. 개학하니, 남자애 하나가 전학을 왔다.

 서울에서 전학 온 오성혁이야. 모두들 새 친구에게 박수.

 성혁이는 특별히 좋은 샤프를 쓰거나 브랜드 옷을 입진 않았다. 그러나 기품이 있었다고 할까. 몸가짐이나 말투 같은 것들이 달랐다. 짐승처럼 으르렁거리고 주먹질하는 우리반 남자애들과는 특히 달랐다. 아무 데나 코딱지를 묻히지도 않았고, 옷소매도 깨끗했다. 무엇보다, 성혁이가 전학을 온 덕분에 나의 반 1등 타이틀에도 비로소 의미가 생겼다. 이건 서울 아이와 경쟁해서 얻어 낸 성취였다.

 성혁이는 남자애들보다는 여자애들과 잘 어울렸

다. 축구보다는 고무줄이나 공기놀이를 좋아했다. 특히 나랑 친했다. 우리반에서 서울 아이와 대화가 될 정도로 똑똑한 애는 나 하나였으니까. 우리는 둘밖에 없는 도서실에서 여러 가지 이야기를 했다. 인디언의 야구, 개미들의 생태, 단풍나무 씨의 회전, 어른이 되면 하고 싶은 것들.

장마가 시작될 무렵, 우리반에도 분신사바 열풍이 불었다. 빨간색 펜을 끼운 손을 두 사람이 맞잡고, 귀신을 불러내 궁금한 것들을 물어보는 것. 여자애들은 모두 손을 맞잡고, 좋아하는 남자 이야기나 죽은 강아지에 대한 것들을 물어보았다. 분신사바에서 남자애들은 항상 빠져 있었다. 남자애들끼리 손을 붙잡는 건 징그럽고, 여자와 남자는 손을 잡으면 안 되니까.

나도 분신사바 해보고 싶다.
특별활동이 끝나고 성혁이가 말했다.
나랑 할래?
선심 쓰듯 내가 말했다.
진짜? 그래도 돼?

뭐, 남자와 여자는 손을 잡으면 안 되지만, 넌 서울 애잖아. 그래도 돼. 나는 생각했다. 우리는 다른 아이들이 다 집에 갈 때까지 느릿느릿 교실 청소를 하며 기다렸다가, 병설 유치원 놀이터로 도망쳤다. 그리고 비품 상자에서 몰래 빼 온 A4용지를 펼치고 서로 손을 잡았다. 성혁이의 손이 축축했다. 맞잡은 손에 빨간 펜을 끼우고 성혁이와 나는 같이 눈을 감았다.

분신사바, 분신사바, 오딧세이 그랏세이.
남자아이와 손을 잡고 외국말을 하는 내가 서울 여자아이처럼 느껴졌다.

귀신님, 오셨습니까. 성혁이가 물었다.
나는 귀신이 좀더 늦게 와도 좋을 것 같았다. 눈을 감은 채로 성혁이의 손바닥을 더 잡고 싶었다. 하지만 펜은 금방 동그라미를 그렸다.
귀신이 왔네. 실망스러웠지만 눈을 떴다. 성혁이가 흥분에 찬 얼굴로 나를 바라보았다.

성혁이가 귀신에게 우리의 나이를 물어보았다. 귀신은 우리의 나이를 귀신같이 맞췄다. 이번엔 우리 둘 중 어느 쪽이 남자냐고 물어보았다. 귀신은 거침없이 성혁이 쪽으로 펜을 그었다. 귀신은 교통사고로 죽은 여고생이라고 했다. 그때 다리가 부러졌는데, 그건 정말 끔찍한 경험이었다고도 했다.

그래서, 너도 나 좋아해?

진짜 물어보고 싶은 질문은 꾹 참고, 나는 쓸데없는 질문만 했다. 대신 성혁이의 손을 꼭 잡았다.

선덕여왕은 살해당했나요? 정말 오줌 싼 꿈을 팔았나요?

귀신과의 이야기는 해도 해도 끝이 없었다. 종이가 부족해서 몇 장이나 바꿔 끼웠다. 문득 주변을 둘러보니 어느새 해가 지고 있었다. 어두운 놀이터 뒤로 산비둘기가 울었다. 구욱 구욱 국국.

갑자기 무서운 기분이 들었다. 귀신은 듣지 못하게 성혁이에게 입 모양으로만 말했다.

이제 집에 가자.

성혁이는 고개를 끄덕였다.

귀신님, 이제 그만 보내주세요.

내가 말했다. 귀신은 엑스 표를 그렸다. 소름이 돋았다.

분신사바는 귀신과 헤어지는 게 가장 중요했다. 빨간 펜에 귀신이 깃들어 대답하는 것이기 때문에, 귀신이 보내주지 않는데 가면 귀신이 붙는다고 했다.

우리 아직 가면 안 되나요?

성혁이가 말했다. 귀신은 동그라미를 그렸다. 온몸의 털이 곤두섰다.

저 이제 가야 해요, 엄마한테 혼나요, 보내주세요.

내가 울먹이며 말했다. 귀신이 엑스자를 얼마나 심하게 그었는지, 종이가 찢어졌다.

그 바람에 성혁이의 손을 놓쳐버렸다. 사실은 무서워서 내가 놓아버렸다.

빨간 펜이 중심을 잃고 툭 쓰러졌다. 성혁이가 나를 쳐다봤다.

종이, 찢으면 되는데. 이럴 땐.

발발 떨면서도 나는 들은 대로 대응책을 말했다.

그럼 내가 찢을게.

성혁이가 말했다.

정말? 근데 너한테 귀신 붙으면? 하고 성혁이한테 물을 뻔한 걸 가까스로 참았다. 나는 아무 말도 못 하고 고개만 끄덕였다. 성혁이는 찢은 종이와 펜을 소각장에 버리자고 했다. 자기 아빠도 장례식에 갔다 오면 갖고 갔던 고춧가루를 불에 태운다고 했다.

다 태우면 돼.

성혁이가 종이를 북북 찢더니, 가방을 멨다. 나도 일어나서 가방을 메고, 모래를 털었다. 성혁이가 앞장섰다. 뒤따라 걸으니까 혼자 걷는 것처럼 무서웠다. 분신사바 종이를 잡지 않은 쪽 성혁이의 소매를 얼른 잡았다. 성혁이가 내 손을 고쳐 잡았다. 학교 뒤뜰엔 조명 하나 없었고, 멀리서 테니스를 치는 선생님들의 목소리만 들렸다. 소각장에 분신사바 종이를 다 버리고 성혁이는 말했다.

어차피 소각하는 날이니까. 걱정 없어.

나는 고개를 끄덕였다. 성혁이는 정말로 믿음직

스러웠다. 우리반 남자애들 그 누구보다.

그리고 나서 우리는 누가 먼저랄 것도 없이 교문으로 뛰어갔다. 뒤돌아 학교 시계를 보니 7시 30분이었다. 초여름 저녁인데도 하늘이 어둡고 구름이 무거웠다. 공중전화에서 콜렉트콜로 엄마한테 전화를 걸었다. 엄마가 소리소리를 질렀다. 나는 친구와 도서관에서 책 읽느라 시간 가는 줄 몰랐다고, 데리러 오면 안 되냐고 했다. 성혁이는 우리 엄마가 올 때까지 기다려줬다가 집으로 걸어가겠다고 했다. 성혁이네는 산길을 20분 걸어야 나왔다. 엄마가 오면 성혁이도 태워줘야 하나 고민하던 찰나에 성혁이가 먼저 걸어가겠다고 하니 내심 고마웠다. 남자아이와 같이 있었던 걸 엄마한테 들키고 싶지 않았다. 곧 엄마가 왔다. 엄마는 나를 좀 혼냈지만, 시간도 잊고 책에 파고든 집중력이 더 자랑스러운 모양이었다.

밤새 큰비가 내렸다. 나는 성혁이와 손을 잡고 걷다 자동차 사고가 나는 꿈을 꿨다. 아침에 일어나니 심장이 쿵쾅댔다. 어제 학교가 끝나고 내내 성혁이의 손을 잡고 둘이서만 이야기했다는 게 믿기지 않았다. 어쩐지 되게 큰 어른이 된 것 같았다. 우리반에 남자아이와 손을 잡는 여자아이는 없다. 나만 빼고. 어서 학교에 가서 성혁이와 이야기하고

싶었다.

하지만 성혁이는 그날 학교를 나오지 못했다.

다음날 학교에 갔을 때 성혁이는 책상에 엎드려 고개를 파묻고 있었다. 다가가 야! 라고 했더니, 성혁이가 겨우 고개를 들었다. 눈이 빨갰다. 콧구멍에서 하얀 콧물이 비죽 흘러나왔다. 나는 너무 놀라, 아무 말도 할 수 없었다. 성혁아, 괜찮아? 라는 말이 쇠진 소리로 흘러나왔다. 성혁이는 이번에도 겨우겨우 고개를 끄덕이더니, 소매로 코를 슥 닦고 다시 고개를 파묻었다.

나중에 친구들에게서 성혁이가 귀신에 씌었다는 얘기를 들었다. 걔가 선생님 심부름하다 집에 늦게 가게 됐는데, 어제 비 완전 심하게 왔잖아. 근데 비 오는 숲길에 웬 여고생이 나타났는데, 무릎 밑이 완전 아작나 있었대. 근데 그 귀신한테 명찰이 있어서 이름도 봤대! 주소영? 이런 이름이었대! 엄청 무섭지?

등줄기에 소름이 쭉 돋았다. 주소영은 우리가 불렀던 분신사바 귀신이었다.

성혁이는 그날 밤 내내 귀신에 시달리느라 한숨도 못 잤고, 결국 심한 몸살에 걸렸다는 것이다.

그 후로 성혁이와는 어쩐지 서먹해졌다. 아무리 노력해도 콧구멍에 맺혔다가, 뽕- 하고 터졌던 성혁이의 콧물 방울이 잊히질 않았다. 5학년이 되기 전에 성혁이는 다시 서울로 이사를 했다. 나는 신도시로 전학 가지 못하고, 한 반 스무 명짜리 촌구석 초등학교를 졸업했다. 그래도 엄마의 걱정과 달리 서울의 대학에 합격했다. 서울에 직장도 얻고, 주민 등록도 했다.

이제 나는 분신사바나 단풍나무 씨의 회전 같은 것과는 멀리, 멀리서, 가끔 궁금해한다.

그날, 내가 이제 가도 되나요? 라고 물었을 때 X를 쳤던 건 성혁이었을까. 아니면 나였을까.

서울, 서울, 서울, 아름다운 이 거리. 서울, 서울, 서울, 별들의 고향.

당연하게도 서울에서의 내 삶은 노랫말처럼 아름답지는 않고, 장마가 시작될 때의 습기 찬 서울 공기 속에서 때때로 나는 그 시절이 그립다.

 최근엔 분신사바를 해본 일이 없네요.

2009년의 그 애

정다영

　그 애는 일산에 살았다. 그 애는 안경을 꼈다가, 벗었다가 했다. 그 애는 나보다 머리가 길었다. 그 애는 주말에 아버지 차를 몰고 나를 만나러 왔다. 그 애는 푸른색 셔츠에 흰색 가디건이 잘 어울렸다. 그 애는 가끔 우리집에 놀러 올 때 귤을 사왔다. 그 애를 처음 만났던 날 그 애와 사랑에 빠졌지만 참고 참다 내가 먼저 만나자고 했을 때, 그 애는 지리산에 있어 당장은 만날 수 없다고 했다. 그 애를 사랑하는 마음이 백배쯤은 더 커졌고, 만날 수 없어서 더 당장 만나고 싶었다. 그 애와 나의 사랑을 우주만 한 것으로 키운 게 지리산에서의 일주일이었을 것이다. 그 애는 소주를 좋아했고 와인 안

주를 좋아했고 평양 냉면을 좋아했다. 그 애가 듣는 음악은 대체로 어둡고 음산했으나 밴드가 누구였는지는 기억이 안 난다. 그 애는 참, 그 애 다웠다.

그 애 다웠다니, 이렇게 얘기하면 그 애를 아주 잘 안다고 생각하겠지만 사실은 그 애가 어떤 사람이었는지는 잘 모른다. 벌써 십 년이나 지난 일이고 그때는 우리 둘 다 어렸기 때문이다. 그 애도 당연히 나를 몰랐을 것이고, 그 애 자신도 잘 몰랐을 것이다. 우리는 서로를 모르고, 서로를 안다고 생각했을 것이다. 그 애는 나를 사랑한다고 했다. 그 애의 사랑은 일 년쯤 반짝반짝 빛나다 갑자기 검고 깊은 하늘 속으로 사라졌다. 그 어둡고 깜깜한 사랑의 끝을 헤아릴 때마다 나는 울었다. 꺼이꺼이. 여느 이별이 다 그렇듯 그 끝은 이유 없이 흐릿했으나 나는 기어이 흐리멍텅한 끝을 쫓아갔고, 그때마다 길 잃은 여섯 살 꼬마처럼 서럽게 울었다. 그 애와는 여느 이별과 같지 않았다. 다른 사람을 만나면서도 울음을 그치지 못하고 68개쯤 되는 갈림길에서 가만히 훌쩍거리던 나는 더 이상 울지 않으려고 새로운 방법을 창안해냈다. 우리의 처음 만났던 날을 마지막 날로 기억하는 것이다.

우리가 처음 만났을 때 나는 스물 셋이었다. 싸이월드 클럽에서 '글쓰기'를 검색해 아무 글이나 클릭했다. 오프라인에서는 만나지 않기로 암묵적 동의를 하고, 주 1회 A4 사이즈 글 한 페이지를 주제에 맞게 쓰면 되는 글쓰기 모임이었다. 당시 나는 멍청하고 무거운 머릿속을 정리하기 위해 매일 다섯 시간이 넘게 글을 쓰던 시기여서, 아무 글이든 써서 내뱉고 누군가 내 글을 함께 읽어줬음 했다. 참담하고 축축한 글만 올리기에, 만나지 않기로 약속한 것도 좋았다. 6명의 팀원은 일 년 동안 성실하게 글을 썼다. 그러다 한 명이 새롭게 충원되었는데 닉네임이 정신이니, 편린이니, 망각이니 하는 슬픈 단어의 종류 중 하나였다. 담백하게 올린 소개글이 좋았고, 열 시간 넘게 고쳐 쓴 내 글에 아주 길고 소상한 피드백을 해준 것 때문에 나는 그 애를 기억하게 되었다. 그 애를 알게 된 지 얼마 되지 않아 나는 오프라인 모임 금지 룰을 어기고 내가 먼저 쪽지를 보냈다. "혹시... 편린님. 저 이상이에요. 우리 만나지 않을래요?" "네, 만나요." "저를 만나고 싶으세요?" "네, 만나고 싶어요." "살롱 드 언니네 이발관. 인사동. 거기 앞에서 만나요. 다음주 목요일 저녁 8시." "네. 좋아요." "서로 알아볼 수 있을까요" "네, 제 생각엔 아마 서로 보자마자 알아볼 것 같아요" "그럼 번호도 모른 상태로 만나죠 뭐. 다음주에 만나요." 그 애를 만나기까지 열흘이 남아있었다. 글을 아주 열심히 썼다. 그 애를 만나기 전날에는 글이 하나도 써지지 않았다. 그 애를 만나는 날에는 하루 종일 심장이 뛰어 밥을 먹어도 체할 것 같았다.

종각역으로 가는 길에 만난 내 또래의 남자는 전부 그 애로 보였다. 폐업한 지 반년쯤 되어 온갖 소품에 먼지가 하얗게 앉아 황폐하게 변한 살롱드언니네 이발관 앞에 섰다. 그 애는 '내부수리중'이 붙어있는 유리창을 바라보며 뒷모습을 보이며 서있었다. 뒷모습으로 그 애임을 알았다. 흰색 셔츠, 베이지색 면바지, 까만색 로퍼, 노트북 가방처럼 보이는 까만 가방. "저기요." 하고 불렀다.

그때까지만 해도 그 애가 내게 우주만큼의 사랑과 우주만큼의 슬픔을 줄 거라고 생각하지 못했다. 이 단순한 사실만으로 너무 아름다워서 나는 이 기억을 우리의 마지막 기억으로 정했다. 그 애의 마지막 모습은 "저기요"라는 말 1초 뒤의 사랑스럽고 맑은 웃음과 함께 내게 악수를 청하며 "봐요. 우리 알아보잖아요" 했던 목소리이다. 그 애는 끝까지 참 그 애다웠다.

 그 애는 지금 뭐하고 살까요.

장마

6장

장마

조성진

공사는 3일째 중단되었다. 지하에 설치될 변압기 7대는 거대하게 파인 구멍 아래에 덩그러니 놓여있다. 소장과 나는 걱정하고 있다. 다음주부터는 비가 온다던데 그 전에 전기를 연결하고 콘크리트로 매설을 해야 한다.

공사를 못 하는 이유는 두 가지다. 하나는 안전관리자가 지적한 사항 때문이다. 매설지 주변 흙이 무너지지 않게 흙막이 작업을 하라고 했다. 또 다른 하나는 전기를 연결할 때 정부 기관에서 나와 점검을 해야 했다.

첫 번째 문제는 3일 동안 해결했다. 흙 주변에

흙주머니로 벽을 쌓고 땅을 더 넓게 파서 각도를 완만하게 만들었다. 작업자들이 일하는 동안 현장 감독관이 달려와 소장과 이야기를 나누더니, 정부 기관에서는 2주 후에나 올 수 있다며 그때까지 기다려야 한다고 일러주었다.

"다음주에 비 오는 건 알고 계시죠?"

감독관이 차를 타고 가기 전에 남기고 간 말이다. 어쩌라는 것인가? 비가 오기 전에 공사를 마무리하라는 의미인가? 강소장은 발을 동동 굴렀다. 강소장도 나도 그 말의 의미를 알고 있다. 감독관은 책임을 회피한 것이다. 본인은 전력공사와 스케줄을 잡았고 비가 오는 것도 현장에 경고했다. 서류상 그의 잘못은 없는 것이다.

강소장은 전력공사에 직접 전화도 해보았지만 돌아온 대답은 "담당 부서로 연결해주겠습니다."였다. 모든 부서에 한 바퀴 돌려 까기를 당하고 나서야 겨우 찾은 담당자는 출장을 가서 연락되지 않았다.

비는 생각보다 빨리 왔다. 구름이 하늘을 닫기 시작할 때 강소장은 변전기 위에 철판을 씌워 지붕을 만들었다. 그리고 구멍 주변에는 흙주머니를 쌓아 벽을 만들었다. 강소장은 나에게 주변에 공업사에서 집수정을 빌릴 수 있는 만큼 빌려 오라고 했다.

저녁 시간이 되자 인부들은 퇴근하였다. 부슬비가 내린다. 감독관은 조금은 걱정이 되었는지 현장을 잠깐 둘러보았다. 그리고 강소장에게 수고하라는 인사를 건넸다. 비는 마치 커져가는 태풍처럼 조금씩 더 거세졌다.

강소장은 나에게 저녁거리를 좀 사 오라고 했다. 나는 햄버거를 사 왔다. 강소장은 투덜거렸다.

"햄버거 지겹지도 않냐?"
"빵, 채소, 고기 모든 게 다 들어있는데 지겨울 리가요."

버거를 먹는 동안 비가 더욱더 거세게 몰아쳤다. 나와 강소장은 우비를 입고 밖으로 나왔다. 변전기 구멍 앞에 쌓아 올린 흙벽이 무너져 내리고 있다. 강소장은 구멍 안에 넣어둔 집수정의 전원을 켰다. 기계가 물을 밖으로 빼내는 동안 나는 다시 흙주머니를 쌓아 올린다.

"집수정 두 개 더 넣어봐"

강소장이 소리쳤다. 집수정은 무거웠다. 나는 이 기계를 전기에 연결하기도 전에 구멍 아래로 떨어뜨렸다. 강소장은 다시 소리쳤다. 정신이 없어 무

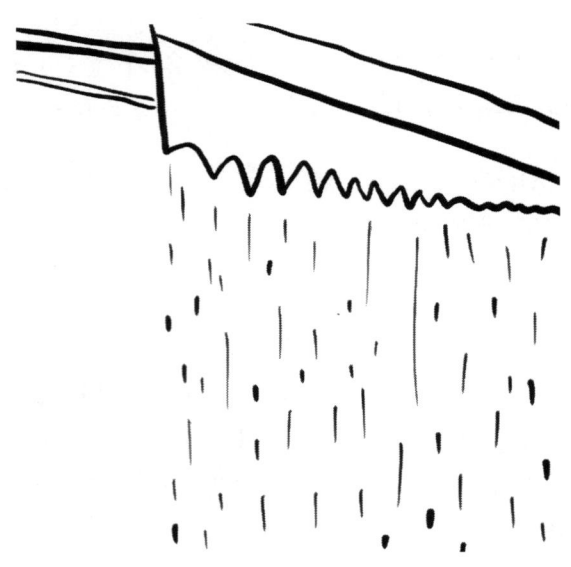

슨 소리인지 알아듣지 못했다. 나는 본능적으로 집수정을 구하기 위해 트럭을 타고 이동했다. 라이트를 켜고 와이퍼도 움직였지만 앞이 보이지 않았다. 강소장이 다시 소리친다. 밤이 되어 공업사는 문을 닫았다. 나는 집수정을 어디서 구해야 할지 고민하느라 과속 방지턱을 못보고 지나쳤다. 그 바람에 차가 수차례 덜컹거렸다. 그때 쿵 하는 소리가 났다. 뭔가에 부딪혔다. 나도 모르게 욕을 했다. 부딪힌 게 제발 사람이 아니길 빌었다.

그것은 어린 사슴이었다. 사슴은 아직 숨이 붙어 있었다. 나는 버리고 가려고 다시 차에 탔다. 시발, 나도 모르게 또 욕이 나왔다. 나는 집수정보다 무거운 사슴을 트럭 뒤편에 옮겨 놓았다. 집수정만 구하면 동물병원으로 가자.

어쩔 수 없이 다른 현장 문을 절단기로 뜯어 집수정 3개를 빌려왔다. 새끼 사슴은 나를 슬픈 눈으로 쳐다보는 것 같았다. 나는 사슴의 눈길을 피했다. 속으로 조금만 참으라고 이야기했다. 사슴에게 내 마음이 전달되었을지 모르겠다.

현장은 30분 전과 완전 딴판이었다. 원래 지대가 주변보다 낮은 곳이었지만, 홍수가 난 것처럼 바닥에 물이 차올라 컨테이너 사무실에도 물이 들어가고 있다. 강소장은 집수정을 연결한 전선이 물에 닿을까 봐 서둘러 물을 퍼내고 있다. 전선은 임시로 사무실 의자와 책상 위에 걸쳐져 있다.

나는 집수정을 옮기려고 했다.

"지금 연결하면 감전돼! 흙벽부터 더 쌓아 올려!"

나는 고개를 끄덕였다. 모래주머니를 옮기면서 차를 보았다. 사슴은 아직 숨이 붙어 있을까? 갑자기 일기예보가 궁금해진다. 모래주머니를 몇 개 더 운반하고 주머니에서 핸드폰을 꺼냈다. 물먹은 핸드폰은 먹통이었다.

손이 습기 때문에 부르텄다. 핸드폰을 다시 주머니에 넣으려 했지만 제대로 들어가지 않는다. 강소장은 컨테이너 사무실에도 집수정을 놔야겠다며 트럭에 가서 집수정을 꺼냈다. 그리고 그는 뒤편에 누워있는 사슴을 보았다.

"이게 뭐야!"

나는 말을 꺼내지 못했다. 강소장은 나의 목을 잡았다.

"이게 뭐냐고!"
"어쩔 수 없었어요."

사슴은 아까 전보다 숨을 천천히 쉬었다. 강소장은 주먹으로 나를 때렸다. 나는 무릎까지 차오르는 물속으로 빠져들었다. 강소장은 이성을 찾았는지 내 팔을 잡아 들어 올렸다. 그러나 이미 물을 한 바가지 마신 상태였다. 비는 점점 더 폭력적으로 내렸다. 나는 두 사람의 힘으로 변압기를 지킬 수 없다는 걸 본능적으로 느꼈다. 아마 사슴의 죽음도 그러할 것이다.

 어린 시절 홍수가 정말 자주 났습니다. 요즘은 배수 시설이 잘 돼서 그런 일이 안 일어나네요.

———————————————————————— 장마

대균우
마조진조

아빠는 그때 32살이었단다. 그 사건이 교과서에는 뭐라고 쓰여 있니? 교과서에는 한두 줄만 쓰여 있다고? 그 일을 텔레비전을 통해 알았다고? 정말 그때 일은 소설로 써도 10권은 나올 거다. 내가 이렇게까지 말하는 건 네가 꼭 알아야 할 일이기 때문이다.

어떤 소리가 가장 먼저 들렸는지는 기억이 나지는 않아. 거의 동시였던 거 같기도 하다. 밖에서는 트럭을 탄 군인이 사이렌 소리를 내며 비상 대피령을 외치고 전혀 군인답지 않은 말투로 "이것은 훈련 상황이 아닙니다!" 라고 외쳤지. 핸드폰에 경고

음이 울리며 '안전 안내 문자'가 왔어. 무슨 일인가 해서 텔레비전을 켜보니 긴급 속보 뉴스가 나왔지. 장관이라는 사람은 눈이 좋지 않았는지 연설문에 코를 대고 읽고 있더구나. 장관 이름은 기억이 나질 않는다.

나는 장관이 무슨 말을 하는지 이해하지 못했어. 다행히 뉴스는 깔끔하게 정리된 자막으로 모든 것을 설명해주었어. 나는 그때 방송 스태프의 정리 센스에 감탄했지. 너도 알다시피 비상 대피령이 발표되고 비가 내렸어. 나는 밖으로 나갈 수 없었단다. 회사 팀장에게 전화를 거니 그는 느닷없이 나에게 화를 내고 전화를 끊었어.

"그러게 일찍 일찍 좀 다니라고."

1분 후, 팀장에게 전화가 왔어. 곧 회사 홈페이지에 공지가 올라오니 그 지침을 따르라고 했지만 공지사항은 6시간 후에나 올라왔지.

비가 내리기 시작할 때쯤 나는 창문에 얼굴을 내밀었단다. 길에는 비상 선포를 내리던 군인들도 철수했어. 그런데 어떤 용기 있는 남자가, 아니면 더는 살아갈 이유가 없는 남자인지, 그는 강아지 산책을 시키고 있더구나. 남자는 비 몇 방울을 맞고 쓰러졌고, 목줄을 쥔 손에 힘이 풀리자 자유로워진 강아지는 맹렬히 거리를 뛰어나갔지. 비를 계속 맞자 쓰러진 남자의 피부가 녹아내렸단다. 그 장면을 보자마자 심장이 멎어, 숨을 쉴 수 없어, 바닥에 쓰러질 뻔했지. 그리고 진정을 하자마자 가장 먼저 확인한 게 집 안에 마실 물이 얼마나 있냐였어. 냉장고에 생수가 3통 있었지.

비가 수돗물을 통해 들어올지 누가 알겠어? 그 사건이 끝날 때까지 나는 목욕도 하지 않았단다. 대부분이 그랬을 거야. 목욕하다 피부가 녹아내리는 걸 원하는 사람은 아무도 없을 테니까 말이야.

첫 비는 18시간 동안 내렸을 거야. 비가 그치고 방역 당국이 길거리를 소독하자마자 난 집에서 나왔지. 그때 팀장에게 전화가 왔는데 나는 전화를 무시했어. 대신 마트로 달려가 생수와 휴지를 사려고 했지. 나는 혹시 모를 사태를 대비해서 우산, 모자, 긴 코트와 장갑, 이것저것 챙겼지. 기온은 30도에 방금 온 비로 습기가 높아 너무 더웠지만, 코트를 입고 걸었어. 사우나실에 서 있는 것처럼 너무 더웠어. 그래도 이걸 벗을 수는 없었지. 주변에 길을 걷는 다른 사람들을 보니 손발에 비닐을 씌우고 걷는 사람이 가장 눈에 띄었단다. 가장 부러운 건 차로 이동하는 사람들이었어. 그러나 그들도 결국 차에서 내려 마트로 들어가야만 했지. 그날 마트

지하 주차장이 폐쇄되었어. 아마도 비가 지하 경사로로 들어온 모양이더구나.

내가 마트에 도착했을 때는 이미 늦었더구나. 모든 게 약탈당한 듯 다 사라졌고 빈 진열대 앞에 옷이 찢어진 채 주저앉자 울고 있는 여성이 보였어. 그 옆에 카트는 찌그러져 있었고 바닥에는 피도 보였어. 나는 늦게 온 걸 아쉬워하면서도 한편으로 잘됐다고 생각했어. 내가 얼마나 잔인해질 수 있는지 볼 기회를 놓친 것에 감사하면서도 조만간 다시 내린다는 비를 대비해 어떻게 생존해야 할지 걱정이 되었지. 그때 팀장에게 다시 전화가 왔더구나. 팀장의 전화를 받고 나는 어쩔 수 없이 출근했지.

회사 건물 앞에 섰을 때, 그날따라 40층짜리 빌딩이 압도적으로 높아 보이더구나. 옆길에는 주차장 입구가 있는데 각종 트럭이 줄지어 서 있었어. 식품 냉동차도 있고, 생수 배달차도 있었어. 난 무슨 일이 다시 나겠구나 예상했지. 사실 평소대로 구내식당에서 사용할 식품을 들여오는 것일 수도 있었지만, 그런 상황에서는 모든 것에 의미가 부여되지. 모든 게 수상해 보이고 무서워 보여. 그 차들을 따라 지하주차장에 내려갔어. 그리고 배달원들이 물건을 옮길 때, 모자를 쓰고 물건들을 몇 개 나만 아는 공간으로 옮겼단다.

6층 사무실에 도착하니 팀장이 팔짱을 끼고 거만하게 서 있더구나. 사무실 주변에 다른 부서 팀장들이 보이지 않았어. 부장도 보이지 않았지. 우리 부서 팀장은 위층에 올라가 회의하고 내려오자마자 6층의 모든 직원을 불러 모았어. 팀장은 우리에게 이틀 동안 일하지 않은 만큼 더 일해야 한다고 말했지. 그리고 6층의 모든 부서는 자신이 관리한다고 말했어. 아마도 재앙이 계속될 거로 생각하고 회사에 나오지 않은 관리자나 윗선의 부당한 명령에 불복종한 이들은 바로 퇴직당한 듯 보였어. 우리 팀장은 임시로 부장으로 승격된 눈치였어. 그래도 지금은 계속 팀장이라고 부를게.

정부에서는 두 번째 비가 5시간 정도면 그칠 거라고 발표했지만 비는 실제로 2주 동안 그쳤다 내리기를 반복했어. 반복해서 내리는 비는 거리를 소독할 시간도 주지 않았지. 우리는 강제로 회사에서 야근을 했지. 팀장은 우리에게 잠자는 시간도 줄이게 하고 일을 시켰어. 윗선에서는 세 번째 비가 올 것을 걱정하는 듯했어. 만약 비가 멈춰서 다들 귀가하고 난 뒤 세 번째 비가 한 달 동안 내리면 일도 하지 않은 직원들에게 월급을 줘야 했지. 그들은 그만큼 일을 하라는 논리로 우리에게 일을 시켰어.

팀장은 모든 직원이 어떤 일을 했는지 8시간마

다 보고하도록 했지. 우리는 하루 종일 앉아 일하며 틈틈이 업무보고서를 작성해야만 했어. 내 직무는 업무보고를 특별히 할 게 없는 직무여서 더 고통스러웠단다. 업무보고서를 내고 다시 일하다 앉아 업무보고를 했어. 팀장은 보고와 일의 효율성을 위해 팀을 3조로 나누어 서로 다른 시간에 보고하게 했어.

그렇게 조를 나눈 이유는 누군가 탕비실이나 구내식당에 음식을 훔쳐 가지 못하도록 같은 팀원끼리 감시하는 효과도 있었지. 게다가 업무일지에는 다른 조원들의 평가도 써야 했지. 업무가 없어도 열심히 일하는 시늉이라도 해야만 했어. 인터넷 사용도 제한되어 뉴스도 제대로 보지 못했어. 4시간으로 제한된 수면 시간에 몰래 라디오를 듣는 게 전부였어. 이 상황에 직원들은 팀장을 증오했지.

난 팀장 밑에서 5년 넘게 일해서 알 수 있었어. 그도 이 상황을 원치 않는다는 걸. 하지만 그는 팀장 자리를 지키기 위해 위에서 내려온 명령을 자신의 주장처럼 말했지. 그리고 악역을 정말 열심히 수행했어. 팀장은 두 딸의 아버지였고 얼마 전에 대출금으로 아파트를 사서 30년 동안 갚아야 하는 인생이 되었지. 그는 젊은 시절과 달리 윗선의 부당한 명령에 반항 따위 못하는 사람이 되었단다. 그래서 나는 팀장을 욕하지는 않았어. 그러나 그뿐이었다. 팀장을 대변한 적은 없단다. 팀장이 폭력적으로 직원들에게 일 시킨 건 사실이잖아. 그는 선택한 거야. 이 재앙을 기회로 삼았어. 이 재난이 끝나면 고위급 간부가 되기 위해 우리를 '혹사' 시키고 사장의 지령을 따르기로 결정한 거야.

우리는 회사에서 잠을 자고 물과 식량을 배급받았어. 비가 언제까지 내릴 줄 모르니 회사에서는 아주 제한된 식사와 물을 주었단다. 하루에 500ml 정도의 물을 주었는데 그 기준은 지금도 알 수 없단다. 일주일도 안 돼서 사람들은 탈수증상이 왔어. 저마다 이 문제를 견디거나 극복해 나가려는 방법은 다양했지. 어떤 이는 방역복을 구하거나 만들었어. 밖으로 나가려고 한 거지. 그 사람들은 비닐로 된 무언가로 온몸을 꽁꽁 감싸고 밖을 나섰어. 그 사람들이 어떻게 되었는지는 모르겠구나. 어떤 용기 있는 직원이 수돗물을 마셨지. 그 친구는 자리에서 거품을 물고 쓰러졌어. 어떤 이는 자신의 소변을 마시며 버텼고, 누군가는 스프링클러를 뜯어 파이프 안에 있는 물을 마셨어. 물티슈를 빨아먹는 친구도 있었고 주방용 세정제나 화장품을 정수해서 마시려는 친구도 봤지. 그때는 살기 위해 사람들이 뭐든지 했어.

장마 143

회사에서 먹을게 다 떨어지자. 과자나 캔디 같은 걸 나눠주더구나. 결국, 회사 내에 폭동이 일어났단다. 폭동을 선동한 친구는 내 옆자리에 신과장이었어. 그는 몰래 어떤 유튜버의 영상을 보며 내게 상황을 설명했지.

"비에 바이러스가 섞여 있다는 것은 정부의 거짓말이야. 이 유튜버의 영상을 봐. 믿을 만한 증거가 산더미처럼 쌓여 있다고. 정부와 기업이 우리 개미들을 완벽하게 통제해서 일을 시키려고 이런 일을 벌인 거야. 죽은 사람들은 사실 정부에 고용된 배우들이야. 어제 방역복을 입고 나간 총무부의 오대리와 최사원은 길 대로변에 아무렇지 않게 걸어 나갔다고. 그들은 우리에게 보이지 않는 저 대로변 끝까지 걸어갔어."

난 그 친구의 음모론을 믿지는 않았다. 속으로는 '그럼 너도 밖으로 걸어 나가봐' 라고 하고 싶었지만 참았지. 내가 반응이 심드렁하자 신과장은 다른 친구들에게 그 이야기를 했어. 그는 우리가 이 회사를 장악하자고 사람들에게 이야기했어. 사람들은 사탕과 믹스커피가루를 입안에 넣으며 그 이야기를 들었지. 하루가 다르게 불만과 불안이 쌓여 폭동이 발화되었어. 팀장은 이 문제를 불식시키려고 했지만, 불똥은 팀장에게 튀었지.

직원들이 사무실 책상을 부수고 천장에 붙은 CCTV를 박살 냈어. 그 사이 팀장은 위층에 올라갔다 내려왔어. 아마 어떤 명령을 받았겠지. 나라면 조용히 있었을 텐데 팀장이 저 위험 속에 뛰어드는 것와 윗선의 무리한 명령을 따르는 걸 보고 조금은 측은한 마음이 들더구나. 그가 악당이어도 도망가지 않는 악당이었기 때문이야.

팀장은 피골이 상접한 모습으로 직원들에게 조용히 하라고 했어. 팀장도 탈수증에 걸린 것 같았어. 그는 내일부터 제공할 음식과 식량이 없다고 말했어. 잠시 업무를 멈추고 생존할 방법을 찾으라고 했어. 그리고 문제가 해결되면 일하러 돌아오라고 했지. 그러면서 일을 안 한 기간만큼 월급을 삭감해야 한다고 말했어.

"이용만 하다 끝내겠다는 거야?"

누군가의 소리침에 사람들은 성난 들소처럼 어깨를 들썩이며 팀장에게 달려들었어. 팀장은 들소들의 돌진에 쓰러졌어. 난 직감적으로 팀장이 곧 죽을 걸 알았단다.

폭동에 유일하게 참여 안 한 건 나와 우리 조원

뿐이었어. 유일하게 정신이 멀쩡했지. 그 이유가 뭔지 아니? 그래. 아버지는 회사에 출근하자마자 6L짜리 생수 몇 통을 지하실에 숨겨 놓았어. 혹시 모를 일을 대비해서지. 회사 물건을 숨긴 후, 누군가 와서 회사 비품의 수량을 일일이 체크했어. 나는 그전에 미리 행동한 걸 그 당시에는 자랑스럽게 생각했어. 조원들이 단체로 이동해서 화장실을 쓰고 구내식당을 이용하게 해서 함부로 못 움직이게 했지만 나는 그걸 역으로 이용했단다. 그들에게 내가 숨긴 물건을 보여주고 더 많은 물건을 훔치기 위해 우리 조원들은 서로 협동했지.

난 팀장에게 조금의 물을 주며 며칠 더 살게 할 수도 있었단다. 그러나 나는 그런 선택을 하지 않았지. 같은 조원 사람들 그 누구도 팀장을 돕자고 이야기하지 않았어.

팀장을 무너뜨린 직원들은 위층으로 올라가서 통제권을 확보하자고 했어. 엘리베이터는 20층까지는 자유롭게 움직였지만, 그 위층으로 올라가려면 지문인식이 필요했어. 5명의 남성이 팀장을 부축해 엘리베이터 지문인식기에 팀장의 손가락을 가져다 댔지.

40층 꼭대기에 올라간 사람들은 허탈해했어.

빈 공간에 전화기 한 대만 있더구나. 고위급 사람들은 안전한 곳으로 대피하고 전화로 명령을 내린 거야. 나와 같은 조 사람들은 수화기를 들고 재다이얼 버튼을 눌렀어. 사장은 전화를 받자마자 상황을 파악했는지 이렇게 묻더구나.

"안팀장이 죽었나? 지금 전화를 받은 자네는 이름이 뭐지? 월급을 두 배로 올려줄 테니 팀장직을 대신 맡겠나?"

전화를 끊고 난 팀장이 살아있는지 확인하러 갔지. 어떻게 되었을 거 같니?

난 정의롭거나 자비로운 인간은 아닌 것 같다. 사람은 극한의 상황이 되면 자신의 본성을 알게 되는 법이란다. 너에게는 그런 기회가 주어지지 않았으면 해. 자신에게 실망할 가능성이 크거든. 아빠는 그랬다. 나는 사악한 인간도 못 되지만 정의롭지도 못하고 용감하지도 못했어. 그 사건이 사회 시스템과 문화를 바꾸었다고 하지만, 가장 크게 바꾼 건 인간성에 대한 실망일 거야. 다행히 인간의 뇌는 지혜로워서 그런 일은 시간이 지나면 잊게 해. 그리고 자신이 정의롭고 똑똑하다고 생각하게 만들지. 그렇게 인생을 사는 게 행복하고 좋기 때문이지. 그러나 나의 뇌는 그러지 못하고 평생 나의 행동을 후회하게 했지. 나는 부끄러워하며 인생을 살았다. 그런데 지금까지 버틴 이유는 네가 올바르게 커 준 덕분이란다. 그래서 너에게 미안하다.

그 이후에 어떻게 되었냐고? 그전에 난 사과하고 싶다. 아빠가 갑자기 왜 이 이야기를 하는지 알겠니? 아빠는 부끄러운 삶을 살았음과 동시에 열심히 살았다고 자부한다. 그리고 네가 이렇게 훌륭한 어른으로 성장한 것은 나의 영향도 있다고 믿는단다. 그리고 너는 아빠보다 더 용감하고 정의로운 사람이라고 확신한다. 네가 결혼할 여자를 데려왔을 때 기뻤어. 네가 선택한 여자라면 훌륭한 인격의 여자일 거야. 그리고 그 여성도 부모의 희생과 노력으로 그렇게 훌륭하게 컸을 거라고 생각해. 난 두 사람의 결혼을 축복한단다. 그러나 그 신부가 될 여자를 보고 일주일간 불면증에 시달렸지. 왜냐하면, 그 여성은 죽은 팀장의 둘째 딸이거든.

네 아내가 될 사람에게 이 이야기를 할지 안 할지 너에게 선택권을 주고 싶지 않아. 이제는 내가 선택을 해야 하거든. 그 당시 아무것도 안 한 나보다 더 부끄러운 일을 만들고 싶지 않아서다. 비온 뒤 땅이 굳고 맑은 하늘이 되려면 내 인생에서 부끄럽지 않은 선택을 하고 행동해야 한다는 걸 잊지 말거라. 사랑한다.

장마

하우 아 유

김원재

언어마다 무게가 다르다는 걸 아나요.

프랑스어는 공기보다 가벼워요. 숨소리를 타고 둥실둥실 떠올라요. 열기구처럼 날아다녀요. 에펠탑 위엔 연인들의 사랑 인사가 가득하겠죠. 날아다니는 단어를 붙잡아 쥬뗌므하면 혀끝에서 녹아버리죠. 솜사탕처럼.

영어는 그보다는 조금 무거워서 굴러가요. 데굴데굴데굴. 시냇물 속에서 구르는 조약돌 같아요. 하지만 여전히 가벼워요. 미국인들의 아일러뷰는 아무도 붙잡을 수 없어요. 태평양으로 흘러가 버릴 때까지.

내 입술을 떠나는 소리들은 언제나 꿍 가라앉지요. 음운들을 한데 모아쓰는 말. 규칙대로만 하면 틀릴 일 없는 표기와 발음. 모서리가 분명한 글자들. 이것이 나의 성대를 울리는 말. 숨소리를 실을 틈도 없고, 받침 하나쯤 혀를 굴려 뭉개는 능청스러움도 없는, 내가 듣고 자란 말. 고함 같은 거센 소리들. 나를 다그치고 재촉하는 말들. 나는 종종 아주 가까운 사람의 말도 이해하지 못하죠. 나를 사랑한다고 말하는 남편의 말조차도. 나는 문장마다 조심스럽게 물음표를 붙여보지만, 자주 답을 받지 못해요.

우리는 전화의 연인. 당신은 어느 바닷마을의 서른다섯 스미레. 나는 바다에 면한 공업 도시의 서른아홉 현선. 하루 20분, 주 3일의 전화 일본어. 당신의 언어엔 받침이 없어서 그럴까요. 당신은 언제나 상냥하지요. 부드럽게 흘려 쓴 히라가나처럼. 당신의 맑은 목소리는 나의 잘못을 알려줄 때조차 다정해. 나는 당신이 괜찮다고 말하면 정말로 괜찮아져버려요. 당신이 나에게 좋은 사람이라고 하면 나는 정말 좋은 사람이 되는 것 같아요. 당신에게만큼은 나는 마음껏 고마워해도 돼요. 당신이 고쳐주는 토씨들이 좋아요. 당신이 고쳐주는 형용사들이 좋아요. 당신이 새로 붙여준 부사들이 좋아

요. 당신이 들어주면 나는 나의 더듬는 문장들조차 좋아요. 나는,

당신이 좋아요.

한국어로는 쉽게 하지 못했던 말. 사랑. 발음의 끝이 돌멩이처럼 꿍 내려앉는 무거운 단어. 주머니에 돌을 잔뜩 넣어 바다에 던져지는 것 같은 그 말. 한 선생님과 이렇게 오래 수업하는 학생은 처음이라죠? 나는 성실한 학생은 아니었지만 성실하게 사랑을 키워왔어요. 당신에게 한마디를 더 붙이고 싶어서. 당신이 쓰는 말을 나의 말처럼 잘 쓰고 싶어서.

당신은 대답했어요.

나도 당신이 궁금해.

그리고 당신은 나에게 개인번호와 주소를 알려주었죠. 우리는 수업 때도, 수업이 아닐 때도 이야기했지요. 우리 언제 볼 수 있을까. 하지만 생활은 당신에게도 나에게도 녹록한 것은 아니었어요. 나의 야근은 몇 시간 되지 않지만 집에 가면 내 몫의 빨래 외에도 두 사람의 빨래를 더 챙겨야 했고, 3인분의 밥을 차리고 정리하고, 3인분만큼 끼는 화장실의 물때와 아무도 신경 쓰지 않는 새 창틀에

내려앉는 먼지들을 닦아야 했어요. 나의 생활은 언제나 3인분. 당신의 바닷마을에 초대받은 사람은 한 명. 나는 내 몫을 챙기는 게 언제나 어려웠어요.

그리고 여름, 저녁밥을 차려 먹는데 뉴스에 당신의 동네가 나왔어요. 내가 사는 도시에도 며칠씩이나 큰비가 내린 날이었죠. 그날 아나운서는 우리나라보다 당신 마을의 뉴스를 더 많이 말했어요. 괜찮아요? 나는 썼다가 지웠어요. 괜찮겠지.

그리고 문자가 왔어요.

지진과 쓰나미 피해로 기존 선생님 수업 진행에 어려움이 있어, 다른 선생님으로 대체 됩니다. 자세한 내용은 학습 지원센터로 전화하세요.

그러나 수업은 바로 시작되지 못했고, 일주일 뒤 일본어 선생님은 교체되었어요. 당신에게선 계속 연락이 없었고, 나는 오래지 않아 일본어 수업을 그만두었죠.

있잖아요, 나는 그때 다행이라고 생각했어요. 당신과 내가 본 적이 없는 사람이라서 다행이라고, 사실은 그렇게 생각했어요. 당신과 내가 같은 말을 쓰지 않아 다행이라고 나는 또 생각했어요. 내 초보 회화에 맞는 오직 딱 그 정도의 내용만을 당신에게 원했어요. 정확한 말로 물으면 당신의 상황이 정확한 무게로 내게 돌아올까 봐 무서웠어요. 나는 정확한 언어로 당신을 이해하는 것이 두려워, 당신으로부터 도망쳤어요. 당신 같은 불행을 겪지 않은 나 자신을, 당신처럼 미워하게 될까 봐.

하우 아 유, 라는 물음 뒤에 아임 파인 외의 답이 나오면 초조해, 나는 그냥 묻지 않는 걸 택해요. 우리가 같은 말로 사랑하지 않아서 일본어 속의 당신을 한국말로 나는 금방 잊고,

그때 내가 괜찮냐고 말하지 못해서 이제야 나는 비행기를 탑니다.

당신은 이제 없는 당신의 주소를 향해.

ed # **채식주의자**

7장

채식주의자

스테파니 메이어에 대한 서한

김원재

존경하는 스테파니 메이어에게

안녕하십니까, 스테파니 메이어 씨. 갑작스러운 편지에 당황하셨을 줄 압니다. sir 모스키, 인사드립니다. (이후로는 한국어 표기함) 저는 왕립 뱀파이어 협회의 1785번째 이사장이자 현대 뱀파이어 권익 개선 위원회장, 뱀파이어 혈족 가운데 가장 명망 깊은 모스키 가문의 832번째 후계자로서, 유구한 역사를 지닌 전 세계 뱀파이어 혈족들을 대표하여 당신에게 경의와 감사를 표하고자 이 편지를 씁니다. 당신은 2018년 자랑스러운 뱀파이어

상, 뱀파이어 인식 개선 부문 대상에 선정되었습니다. 이것은 비 뱀파이어 생명체가 수상하는 4번째 상이며, 문학 부문으로는 무려 120년 만에 처음입니다. 당신은 브램 스토커의 뒤를 이을 현대 뱀파이어 문학의 기수로, 우리 왕립 뱀파이어 협회는 당신이 이 사실을 충분히 자랑스러워해도 된다고 생각합니다. 시상식은 벨기에에서 14일간 진행될 예정이며, 시상식 일주일 전에 당신의 집 앞으로 우리 요원이 찾아갈 것입니다. 또한 최종으로 상패를 받은 이후에는, 당신에게 우리 뱀파이어 일족과 혼인할 자격, 수명 연장, 수혈 우대 등 적통 뱀파이어와 동일한 권리가 부여됨을 알려드립니다. 그러나 지금부터가 정말 중요한 내용인데, 당신이 이 시상식에 참여하기 위해서는 당신의 혈액 10cc가 필요합니다. 이 편지에 동봉된 니들로 왼손 네 번째 손가락을 찌르면, 니들이 알아서 필요한 혈액을 채취할 것입니다. 그 후 역시 동봉된 만년필에 니들을 꽂아 편지 하단 왼쪽의 서명란에 당신의 이름을 기입하면 당신을 우리 뱀파이어 일족으로 받아들이는 의식이 진행될 것입니다. 그 이후에야 비로소, 당신은 뱀파이어에 준하는 지위를 가진 생명체로서 우리 뱀파이어의 가장 중요한 비밀을 나눠 갖게 될 것입니다. 혈액 채취는 편지 개봉 후 24시간 안에 진행되어야 하며, 그 시간이 지나면 당신이 평범

한 인간에서 명예 뱀파이어가 될 놀라운 기회는 사라지고 맙니다. 그럼, 2주 뒤 벨기에에서 당신을 만나 뵙게 될 수 있기를 간절히 바라며.

써 모스키.

존경하는 스테파니 메이어에게

당신이 멋진 용기를 낼 수 있으리라고 믿었습니다. 우리의 예상대로 당신은 순수 뱀파이어에 못지않은 직관과 통찰, 그리고 무엇보다 용기를 지니셨군요. 지금부터 쓰인 모든 문자는 니들이 채취한 당신의 혈액으로 작성된 것이기에 이 문서는 혈액의 소유주인 오직 당신만이 읽을 수 있습니다. 평범한 인간은 그 누구도 이 서한의 내용을 읽을 수 없죠. 그러니 여기 적힌 것이 우리 일족에 대한 가장 중대한 비밀일지라도, 보안을 위해 당신이 따로 노력을 기울일 필요가 없음을 추가로 알려드립니다. 무엇보다 이 시점부터 당신은 0~6개월 된 순수 뱀파이어에 준하는 뱀파이어 능력을 갖게 되었습니다. 물론 모든 것은 벨기에에서 정식 뱀파이어 의식을 치른 후에야 달라지겠지만, 당신은 이미 그냥 인간이 아닙니다. 그리하여, 저는 이 자리에서 엄숙하게 우리의 비밀을 그대와 나눕니다.

당신은 우리 뱀파이어 일족에 대한 낭만적이고도 아름다운 소설을 그렸습니다. 이는 드라큘라 백작 이후 가장 큰 파급력으로 전 세계 소녀들, 특히 우리 뱀파이어가 가장 선호하는, 10대 소녀들에게 다가갔습니다. 세상에서 가장 순결하고 아름다운 우호심을…! 영원에 대한 강력한 호기심과 열망을 그 어리고 고결한 생명체들에게 심어주었습니다. 그 중 몇몇은 이미 각 나라의 뱀파이어들에게 기꺼운 혈맹이 되어주었습니다. 한동안 존재감 없던 뱀파이어 문학사에서 당신이 쓴 트와일라잇은 진주와도 같습니다. 앞으로 당신의 더 풍부한 서사를 위해, 당신이 알아야 할 것이 있습니다. 그것은 세간에 알려진 것과 우리가 다르다는 것입니다. 우리는 검은 날개를 지니지 않았고, 날카로운 송곳니를 갖지도 않았습니다. 우리는 결코 하급 포유류를 닮지 않았습니다. 우리의 우월한 신체 능력과 비상한 두뇌는 거부할 수 없는 진실이나, 우리의 유전적 조상은….

모기입니다.

오직 흡혈 능력만을 위해 지상에 태어난 생물,

모기. 그러나 동시에 가장 연약한 피부를 지닌 역설적 생물. 모기들은 위대한 흡혈 능력으로 인간들을 수천 수만씩 죽일 수 있지만, 작은 몸집과 연약한 피부 때문에 쉽게 죽었습니다. 우리 뱀파이어들은 이 아이러니 속에서 태어났습니다. 우리는 흔히 알려진 것처럼 시체에서 태어나지도, 어느 날 갑자기 동굴에서 변이되지도 않았습니다. 그러므로 우리는 마늘과 십자가로 퇴치되지 않습니다. 우리는 육체를 지녔으나 개념의 현신인 것입니다. 역설, 그 자체인 것입니다.

그러나 모기의 타고난 약점 때문에 우리 뱀파이어 일족이 모기의 DNA를 공유한다는 것은 우리의 가장 큰 비밀이었습니다. 그래서 우리의 선조들은 언제나 우리의 위상을 더 강하게 하기 위하여 이 사실을 철저히 숨겨왔습니다. 또한 동시에 고등 영장류를 대상으로 인식 개선 캠페인도 진행해왔습니다. 그 결과 브램 스토커 같은 위대한 문학가가 탄생하였고, 이번에 당신에게 사상 두 번째 문학상이 수여된 것입니다. 우리는 이제 당신이 나누어 가진 이 중대한 비밀에 새로운 철학을 접목해 인간들에게 두 번째 인식 개선 캠페인을 진행하기를 바랍니다. 우리의 이 역설이 인간 세상에 이해될 수 있기를 바랍니다.

벨기에로 이동하는 동안, 우리 요원들이 전달하는 '위대한 가문: 모스키 가문의 역사', '뱀파이어, 그 거룩한 비밀' 책을 읽으면 우리 일족이 지닌 아픔이 무엇인지에 대한 이해가 깊어질 것입니다. 저는 당신과의 즐거운 대화를 썩 고대하고 있습니다. 그럼, 편안한 여행이 되기를.

*추신. 이제 당신은 0~6개월 뱀파이어와 같이 30분에 한 번 타인의 혈액이 필요합니다. 아직은 혈액을 직접 마시는 것이 익숙지 않을 테니 혈액 캡슐을 복용하면 됩니다. 역시 우리 요원들이 곧 전달할 것이며, 제때 혈액 캡슐이 공급되지 않을 경우 극심한 현기증이 유발되나, 너무 놀라지 마십시오. 전 세계 어디에나 있는 우리 V.S.S(Vampire Safety System)가 발동되어 당신이 혹시 기절하더라도 5분 이내에 비밀 요원이 당신 곁으로 접근해 수혈을 시작할 것입니다. 아, 그리고 아직 선호하는 혈액형 타입은 없을 테지만, 뱀파이어들이 가장 좋아하는 RH+ O 타입 혈액 캡슐을 넣어두었습니다. 이 또한 우리 일족이 당신에게 선사하는 매우 큰 호의임을 분명히 아셨으면 좋겠군요.

써 모스키.

 트와일라잇 안 봤는데, 볼 만한가요?

채식주의자

송곳니

이지영

9는

거세게 울리는 알람을 끄며 자리에서 일어났다. 햇살이 침실의 작은 창문을 투과해 9의 침대를 비췄다. 올겨울 들어 보기 드문 따뜻한 날이었지만 9는 바다 한가운데서 표류하는 뱃사공마냥 마음이 무거웠다.

"계약이 만료되면 월세를 높여 재계약을 하고자 합니다. 처음부터 주변 시세보다 저렴했던 거 아시잖습니까." 라는 집주인 아들의 전언이 떨어진 건 한 달 전이었다.

9가 터를 잡은 파라다이스 오피스텔의 집주인

은 오래된 건물을 헐고 새 오피스텔을 지어 그곳에 임대업을 하는 사업꾼이었다. 그리고 오피스텔의 총관리인은 미국에서 오랜 유학 생활을 마치고 왔다는 그의 아들이었다. 미국의 한 사립대에서 건축을 전공했다는 그는 언제나 도면을 그리듯 칼같은 계산법으로 따박따박 월세 독촉 메시지를 보냈고, 그에 못지않게 세입자들의 요청사항 또한 깔끔하게 처리했다. 전공을 기막히게 살리는 집주인 아들 덕분에 파라다이스 오피스텔은 늘 흐트러질 틈 없이 깔끔하게 유지되었다.

월세 인상 소식은 9에겐 청천벽력같았다. 지금 월세도 겨우 충당하는 9였다. 고향에서 조그만 액세서리 가게를 하는 부모를 둔 9였기에 오피스텔 보증금은 그가 몇 년에 걸쳐 덜 먹고 안 쓰며 제 손으로 겨우 모은 자금이었다. 그런 사정으로 월세가 조금이라도 오르면 9는 달리 손쓸 방법이 없었다. 모든 것이 계산대로 딱딱 맞아떨어져야 하는 엘리트 건축학도의 간단명료한 말투로 유추해 보건대, 그에겐 9의 사정을 헤아려줄 아량 같은 건 일절 존재하지 않아 보였다.

느린 걸음으로 화장실로 간 9는 거울 앞에 섰다. 용케 서른아홉 해를 버틴 자신의 가냘픈 얼굴이 보였다. 피곤함에 지친 그의 얼굴 아래 목 부근에 전에 없던 상처가 있었다. 9는 상처의 원인을 가까스로 되짚어봤다. "그 정도 푼돈으론 이 주변에선 매물 구하기가 하늘의 별 따기지." "아니 이 양반아. 이 나이 먹도록 집 하나 못 구하고 뭐 했어." 새집을 구하려고 사방팔방 돌아다닌 지난 몇 주 동안 중개업자들에게 9가 들은 말이었다.

월세 인상을 사무적으로 통보하던 엘리트 관리인, 난처한 얼굴로 면박을 주던 공인중개사들은 저마다 9의 사정 따윈 들어볼 생각도 않은 채 그의 인생을 도마 위에 다 죽어가는 생선 목 자르듯 쉽게 토막 내 저울에 달았다. 그들에게 9는 회생 불가한 식재료였다. 목에 자리한 깊게 파인 상흔은 이 사단 속에 생긴 상처들이었다.

9는 자신의 상처를 익숙하게 치료한 뒤 붕대를 감으며 천천히 방 안을 훑어보았다. 몇 벌 안 되는 옷가지들, 방 한가운데 놓인 책상 그리고 그 옆으로 칸막이 하나 없이 침실에서부터 반듯하게 이어지는 부엌. 채 9평이 안 되는 작은 방에 9의 인생이 축약돼 담겨 있었다. 언제쯤 이 방을 벗어날 수 있을까. 9는 온 인생을 9평 방에 저당잡혀, 평생을 벗어날 수 없으리란 예감이 들었다. 마치 이 방이 인생의 전부이자 곧 자신 같았다.

채식주의자

9평의 피난처마저 잃을 수 있단 생각에 9는 벌써 온몸이 발가벗겨진 채 초원에 내쫓긴 기분이 들어 등골이 서늘해졌다.

거리를

나선 9는 오랜만에 찾아온 겨울의 따뜻한 날씨에 묘한 생경함을 느꼈다. 버스 정류장으로 향하는 출근길, 아침 장사 준비로 여념 없는 기사식당, 온갖 화물을 내리는 할인마트. 모든 것들이 평상시와 다를 바 없이 평온해보였다. 세상은 말하자면, 9 같은 존재의 불완전함에 대해서는 털끝만큼도 관심이 없는 것이다.

9의 걸음이 점점 더 무거워졌다. 오늘은 9의 대출이 결판나는 날이었다. 9는 월세 인상 소식을 통보받자마자 옮길 집을 알아보는 한편 낮은 금리로 전세 대출을 받을 방법을 찾아다녔다. 9는 부모님의 가게 자금을 자신의 명의로 대출한 상태라 신용 등급이 좋은 편은 아니었다. 여러 은행을 전전한 끝에 회사 급여를 관리하는 은행에서 높은 확률로 대출 승인이 가능하다는 동료 직원의 추천을 받았다. 덕분에 9는 가까스로 그곳에서 대출 절차를 밟을 수 있었다. 대출 승인은 워낙 변수가 많으므로 백 퍼센트 확실한 건 아니라는 당부를 여러 차례 들었던 터라 승인을 기다리는 한 달 내내 9는 심장이 쫄깃해져 사라질 것 같은 기분이었다.

은행은 9의 사무실 건물 1층에 있었다. 점포 입구엔 '2019년 전국 최우수 친절 지점 선정'이라는 홍보용 배너가 처음 본 그때 그 자리에 여전히 번듯하게 자리 잡고 있었다. 9는 처음 이곳에서 대출 상담을 받던 날을 떠올렸다. 그날 9에게 대출 상담을 해준 이는 이계장이었다.

상담을 받은 그날, 이계장은 9의 자초지종을 들은 후 9를 향해 취조에 가까운 질문을 퍼부었다. 사는 곳이 어떻게 되시죠? 중천구 양계동입니다. 전세신가요? …아뇨. 월세입니다. 혹시 결혼을 앞두고 신혼집을 구하시는 건가요? …아니요. 지금 연봉이 어느 정도 되시죠? …. 와 같은 질문과 답이 꼬리를 물고 이어졌다. 이계장의 질문에 대답을 할 때마다 9의 등도 겸손하게 5도씩 굽어졌다. 모든 질문이 끝났을 때 9는 마치 사냥을 나온 하이에나에 쫓겨 벼랑 끝에 내몰린 먹이가 된 심정으로 의자에 위태롭게 매달려 있었다.

채식주의자

"앉으세요." 삼 주 만에 본 이계장은 조금 피곤한 눈을 하고 있었다. 이계장의 책상엔 서류들이 수북이 쌓여 있었다. 9 외에도 이계장의 심사에 목숨이 왔다갔다하는 사람들이 여럿인 듯했다. 이계장이 매번 다급하게 9에게 추가 서류를 요청했던 것과 9가 서류를 제출한 뒤 한참이 지나야만 답을 받았던 것도 이계장에겐 9와 같은 사람들이 수두룩해서 그랬다는 것을 쉬이 짐작할 수 있었다.

9는 조심스레 이계장이 요청했던 서류를 내밀었다. 늘 그랬다시피 이계장은 다짜고짜 9를 호출해서는 몇 가지 추가 서류를 준비해놓으라고 알린 터였다. 하루빨리 대출 승인이 나오길 오매불망 기다리던 9는 필요한 것이 있으면 더 빠르게 알려주면 좋겠다는 생각을 했지만 감히 이계장에게 불만을 표한 적은 없었다.

이계장은 한쪽 손엔 펜을 굴리며 9가 갖고 온 서류를 심드렁하게 훑어보고 있었다. 9는 미간을 좁히며 서류를 훑어보는 이계장을 힐끔힐끔 쳐다봤다. 9와 비슷한 나이로 보였지만 상처 하나 없이 깨끗한 피부가 그를 몇 년은 더 젊어 보이게 했다. 왼손의 두꺼운 금반지는 결혼반지일 것이다. 셔츠 윤곽을 따라 다부지게 자리 잡은 근육으로 보아 잘 가꾼 몸매임을 짐작할 수 있었다. 지구상 남자들을 한 줄로 세워 분류한다면 9와 이계장은 정확히 대척점에 존재할 것이다. 자신의 명의로 된 자동차나 주택, 안정된 가정 그 모든 것을 이미 갖춘 이계장과 그 어느 것 하나 제대로 이루지 못한 자신. 이계장 앞에만 서면 9는 자신의 초라한 모습에 기가 죽어 땀을 뻘뻘 흘렸다.

"아시다시피…. 대출은 보통 작년 연봉을 기준으로 하므로 현재로선 원하시는 금액은 어려울 수 있습니다." 이계장은 9가 제출한 작년 소득 증명서를 훑어보며 말했다. 대출이 얼마든지 가능하다며 친절한 미소로 무장했던 첫날과는 전혀 다른 얘기였다. 9는 마른 침을 삼켰다. 그가 한마디씩 뱉는 말들이 자신의 팔에 날아와 생채기가 나는 것을 9는 막을 길이 없었다.

"다만. 올해 인상될 연봉을 증명하신다면 가능할지도 모르겠습니다. 오늘 주신 서류를 추가 제출해서 특별 신청을 검토해볼 수는 있겠습니다." 씨익 웃으며 9를 안심시키는 이계장의 웃음에 그제야 9도 덩달아 미소가 지어졌다. 9는 자신이 할 수 있는 최대한의 미소를 지으며 연신 등을 굽히며 잘 부탁한다는 인사를 표했다.

이계장의 으름장에 기운이 다 빠진 9가 한참

채식주의자 169

뒤 은행 문을 밀고 나왔을 땐 그의 한쪽 팔이 온전치 않은 상태였다. 9는 핏물이 뚝뚝 떨어지는 그의 팔을 품에 안은 채 회사로 향했다.

회사에

도착한 9는 한시라도 빨리 자신의 상처를 치료하고 싶었다. 사무실 맞은편에 앉아 있는 박차장의 뒷모습이 보였다. 박차장은 언제 어디서 목덜미를 뜯길지 모르는 이 세계에서 제법 잘 적응한 성공적인 인물이었다. 그는 공무원 생활을 오래 하신 부모님의 도움을 받고 상류층으로의 신분 상승을 향해 천천히, 그만의 속도로 성실하게 걸어나가고 있었다. 그런 박차장은 늘 한 발자국 뒤처져 있는 9에게 여러 시행착오 끝에 얻어낸 정보들을 전해줬다.

인기척이 들리자 박차장은 9를 향해 고개를 돌렸다. 무언가 말할 새도 없이 박차장은 무언가 생각났다는 표정으로 9를 낚아채 옥상으로 끌고 갔다.

"너 혹시나 해서 묻는 데 정부 지원 상품으로 진행하는 거 맞지."

"뭘 말이야?" 9는 박차장을 올려다봤다. 흘끗 본 박차장의 오른손엔 붕대가 감겨 있었다. 어제까진 없던 것이었다. 상처의 근원은 정확히 오른쪽 새끼손가락이었다. 곧 태어날 둘째 때문에 더 큰 평수의 집을 알아보느라 이런저런 고생을 하고 있다는 그의 하소연이 떠올랐다.

"너 제대로 알아보지도 않았구나?" 박차장은 놀라며 말을 이었다. 왼팔을 쓰는 것이 어느새 익숙해진 듯 박차장은 자연스럽게 한쪽 손으로 라이터를 꺼내 입에 문 담배에 불을 붙이며 말을 이어 나갔다. "너랑 나 같은 사람들이 대출을 더 쉽게 받는 방법이 있단 말이야. 당연히 알아서 잘하고 있겠거니 했는데…."

박차장의 설명은 그러했다. 9와 같이 자금이 필요한 중소기업 재직자에겐 정부 지원 상품이 있다는 것. 그리고 그 상품을 취급하는 은행은 많지 않아 자신들에게 득이 될 게 없는 정보는 제대로 알려주지 않는 은행 관례상 스스로가 상품을 꼼꼼히 알아보고 진행해야 한다는 것이었다.

9는 으름장을 놓던 이계장의 얼굴이 떠올랐다. 이계장은 대출 승인 절차를 밟는 내내 추가서류만 재촉했지 9의 사정에 맞는 좋은 상품이 있다는 사실은 일언반구 하지 않았다. 아마도 이계장의 은행은 그런 상품을 취급하지 않았을 것이다. 그러니까 이계장은 9를 상대로 정보의 우위를 점한 채 으스대면서 보기 좋게 그를 손안에서 갖고 논 것이다.

9는 자신에게 이런저런 핑계를 대며 대출 절차를 한 달 넘게 질질 끌었던 이계장이 아무 이유 없이 바빠서 그랬을 것 같지는 않다는 생각이 들었다. 9는 박차장이 말한 상품을 재빨리 알아봐야 한다는 데까지 생각이 미쳤지만 당장 이번 주말, 재계약 여부를 결정지어야 하기에 물리적으로 시간이 턱없이 모자랐다.

붕대를 칭칭 감은 박차장의 손이 허탈해하는 9의 어깨를 토닥였다. 꿋꿋이 버티는 자신을 보며 희망을 품으라는 응원의 제스처였다. 그러나 박차장의 온전치 않은 팔이 9에겐 더욱 스산하게 느껴질 뿐이었다. 이계장에게 얻은 팔의 상처가 더 깊숙이 파고들고 있음을 9는 선명하게 느끼고 있었다.

사무실
자리로 돌아온 9는 흥분을 좀처럼 가라앉히

지 못했다. 이계장이 정말 그 상품을 몰랐을까. 9의 잘못이라면 이계장네 은행이 그 상품을 취급하지 않는다는 사실을 뒤늦게 알았다는 것뿐이었다. 9에겐 세상을 현명하게 살아갈 만큼의 주도면밀함과 정보 검색 능력이 어째서 주어지지 않았는가. 뒤늦은 후회는 이계장을 향한 알 수 없는 분노로 전이되었다. 친절한 눈빛으로 9에게 최고의 조건임을 연신 강조하던 이계장의 눈빛이 떠올랐다. 9가 조금만 영악했더라면 이계장에게 이를 빌미로 조목조목 따졌을 것이다. 그랬다면 지금쯤 그의 팔은 온전했을 것이다.

박차장은 말했다. 그깟 상처는 몇 년 지나면 낫는다고. 박차장이 말하는 몇 년은 결국 9가 지금보다 몇 배는 더 큰 노력으로 착실히 월급을 모아 대출금을 다 갚는 그날을 말하는 것이다. 박차장은 희망도 빼놓지 않았다. 자네는 곧 승진을 앞두고 있으니 분명 연봉 협상에서도 나쁜 조건은 아닐 거야. 그러면 지금의 상처는 더 금방 회복될 거야. 9는 동병상련의 눈으로 격려를 보낸 박차장과 그의 불완전한 손을 떠올렸다.

의식하지 않으려 할수록 9는 한쪽 팔에 의지한 채 키보드를 누르고 전화를 받는 것이 더욱 힘겹게 느껴졌다. 박차장이 말하는 몇 년이 너무 아득하게 느껴졌다.

박차장 말대로 이제 9가 기댈 것은 승진뿐이었다. 9는 곧 과장 승진을 앞두고 있었다. 그것은 9에게 큰 의미였다. 단순히 9의 직급이 올라가는 것뿐만 아니라 9의 자존심과 자긍심 그리고 나아가서는 큰 폭의 연봉 상승을 의미했다. 물론 9의 승진이 확실한 것은 아니었지만, 9가 나름대로 자신의 승진을 확신하는 데는 당연한 이유가 있었다.

이번에 그의 팀이 큰 실적을 올렸고, 그 실적의 중심엔 밤낮없이 거리를 쏘다니며 영업에 열을 올린 9가 있었기 때문이었다. 출퇴근 시간이면 게으른 직원을 색출하려는 듯 순찰을 하는 본부장은 9의 팀을 지나칠 때면 항상 9의 어깨를 두드리며 칭찬의 말을 아끼지 않았다. 9는 그 순간들을 똑똑히 기억하고 있었다. 본부장의 응원이 있을 때마다 9는 자신도 곧 본부장의 넓고 자신만만하게 펴진 어깨만큼 쫙 펼친 미래가 손에 잡히는 듯했고, 그처럼 사회의 핵심 계층으로 한 발짝 더 다가갈 것을 확신했다.

9의 마음을 읽은 듯 본부장에게 호출이 왔다. 대회의실로 오라는 이야기였다. 연봉협상을 앞둔 사람들은 이런 식으로 호출을 받았다. 9는 수화기

너머로 본부장의 말에서 어떤 긍정의 신호를 감지하려 끝까지 애쓰며 수화기를 내려놓았다. 대회의실로 이동하기 위해 9가 자리에서 일어나자 9와 눈이 마주친 박차장이 응원의 눈빛을 보냈다.

9는 결연한 의지와 희망을 담아 대회의실 문을 열었다. 큰 대회의실에는 턱수염을 만지며 서류를 뚫어지게 쳐다보고 있는 본부장이 홀로 앉아 있었다. 수십 명은 족히 앉아도 될 커다란 회의실 안쪽 창으로 역광이 비쳤다. 그 빛에 압도돼 9는 본부장을 제대로 쳐다볼 수도 없었다. 9는 아물지 않은 한쪽 팔과 목덜미를 의식적으로 더듬으며 본부장 앞에 앉았다. 본부장이 풍기는 알 듯 모를 듯한 중압감에 9의 내면은 더 쪼그라드는 기분이었다.

대회의실
문이 '덜컥' 하고 열리자 몇 년의 세월을 순식간에 관통한 듯 한껏 수축한 9가 빠져나왔다. 지구의 자전축이 1도 더 기울어진 것이 틀림없었다. 그러지 않고서는 휘청대는 9의 걸음걸이를 설명할 방법이 없다. 그러나 창밖의 해는 전과 같이 정직하게 떠 있었고, 여기저기 시끄럽게 울려대는 전화벨 소리나, 신경질적으로 고객사 전화를 응대하는 직원들의 목소리도 모두 그대로였다. 9의 걸음은 차차 느려졌다. 상처 입은 두 다리를 온전히 사용하기 힘든 9가 의식적으로 걸음을 천천히 했기 때문이었다.

지금 당장 코끼리 한 마리가 동물원을 뛰쳐나와 사무실을 난장판으로 만들어도 이상할 것이 없는 오후였다. 그러나 이 세상은 9의 상처 따윈 조금도 신경 쓸 바가 아니라는 듯 평소처럼 고요했다.

자리에 앉은 9는 본부장의 말을 되새겼다. 9는 자신이 승진자 명단에 있을 것이라 믿어 의심치 않던 터라 아직도 현실이 믿기지 않았다. 본부장의 요는 명확했다. 9가 승진할 만한 능력이 아직은, 부족하다는 것이었다. 그는 9가 승진 대상에서 선택되지 못한 이유를 구구절절 설명했다. 그가 내뱉는 일목요연한 이유 사이사이에 9는 그간 회사에 공을 세우기 위해 밤낮없이 일하던 자신의 노력을 어필하는 대신 입을 다무는 것을 택했다. 힘이 빠져 숨을 쉬기도 힘들었기 때문이다. 인사팀장의 설명 끝에는 사탕발림도 있었다. 돌아오는 연말에는 반

드시 섭섭지 않은 성과급이 있을 거라는 것. 9는 자신이 할 수 있는 일이라곤 이 세계를 한 번 더 믿는 것 외에는 없다는 사실을 다시 한 번 깨우쳐야 했다.

9가 절실히 바랬던 과장직을 꿰찬 것은 9가 아닌 옆 팀의 고대리였다. 그는 부사장이 힘써 스카웃해온 '인재'였다. 그러나 그가 주요 거래처 사장의 아들이라는 소문이 공공연하게 떠돌았다. 그가 아직 '인재'다운 능력을 발휘하지 못했지만, 회사는 9의 노력보다 고대리의 가능성을 더 믿어주기로 한 것이다.

박차장의 말처럼 언젠가 상처는 아물겠지만, 자신이 동료들처럼 온전한 생활을 하기 위해서는 얼마나 더 큰 노력과 시간이 필요한 일인지 9도, 박차장도, 그 누구도 장담할 수 없었다. 빽이라면 빽, 부모에게 물려받을 재력, 그도 아니라면 반반한 외모. 모두가 저마다의 무기를 하나씩 갖고 있었지만 9 자신만은 변변찮았다. 9에게 유일한 무기라곤 성실함뿐이었지만, 9 자신도 이 세계를 버티기엔 그것만으로는 부족하다는 것을 어렴풋이 깨닫고 있었다.

정신이 반쯤 혼미해진 9는 자신의 휴대전화에

채식주의자

알림이 울리는 것을 봤다. 대출 승인이 완료되었다는 메시지였다. 이계장의 '각별한 보살핌' 덕분에 9의 대출이 승인된 것이다. 9는 창자 아래에서부터 밀려오는 분노와 고비를 넘겼다는 생각에서 오는 묘한 안도감을 동시에 느꼈다.

지하철로

터벅터벅 걸어가는 9는 온몸의 힘이 다 빠져나가는 것을 느꼈다. 9에게 하루 동안 벌어진 어마어마한 사건들이 눈앞에 파노라마처럼 스쳐 지나갔다. 9의 어깨를 두드리는 박차장의 온전치 않은 오른손의 무게, 이계장의 손에서 번쩍이던 금반지, 집주인 아들의 기계적인 통보, 인사팀장의 냉정한 시선, 옆 팀 고대리를 향한 축하의 박수 소리 같은 것들이 9를 거침없이 생채기 냈다. 9는 점점 자신을 집어삼키는 것이 그들인지, 계급의 위치에 따라 태도가 달라지는 냉정한 이 세계의 질서 때문인지 구별되지 않았다.

9는 퇴근부대 속 물고기 떼처럼 휩쓸리며 이 세계에 혼자 방치된 느낌이었다. 9는 자신의 인생이 마치 방 안에 붙은 벽지와 다를 바 없다고 느꼈다. 아무도 그것이 존재했다는 것을 모른 채, 어쩌다 유심히 쳐다봐야 그제야 이런 모양이었구나 깨닫게 되는 그런 벽지 같은 존재.

지하철역으로 내려가는 충계에 초라한 옷차림의 아주머니가 비스듬히 기대어 있었다. 아침이면 같은 곳에서 노상으로 김밥 장사를 했기에 그녀의 존재는 9에게도 익숙했다. 아주머니의 발아래 놓인 바구니엔 오전에 채 다 못 판 김밥이 담겨 있었다. 그제야 9는 자신이 오늘 온종일 아무것도 먹지 못했다는 것을 깨달았다. 평소라면 별생각 없이 그 앞을 지나쳤겠지만 9는 어떤 동질감과 함께 연민의 감정을 느꼈다. 하루가 저무는 순간까지도 팔릴 것이라는 희망을 놓지 않는 아주머니에게서 9는 어떤 의지 같은 것을 느낀 것이다. 그래, 우리가 먹이사슬 피라미드 맨 밑바닥을 이루고 있는 연약한 존재라 할지라도, 속절없이 당하는 먹잇감으로 끝나서는 안 된다. 9는 결연한 의지를 다시 한 번 다졌다.

"김밥 한 줄 주세요." 9는 미소를 지으며 김밥을 주문했다. 아주머니 역시 기쁜 웃음을 지어보이며 분주하게 김밥을 봉지에 담았다. 바구니 가장 안쪽에 있는 김밥을 선별하는 그 손길에는 개중에

채식주의자 179

라도 가장 따뜻한 것을 주겠다는 인정이 담겨 있었다. 그 씀씀이에 감동한 9는 바구니 옆에 아무렇게나 놓인 껌 몇 개를 짚으며 함께 계산해달라고 했다. 9의 요청에 계산을 마친 아주머니는 주머니에서 잔돈을 꼬깃꼬깃 꺼내며 깊게 팬 주름이 섞인 연약한 미소와 함께 거스름돈을 꺼내주었다.

김밥과 껌이 든 검은 봉지를 들고 9는 지하철 안전문 앞에 섰다. 열차가 도착해 문이 열리자 제일 첫 줄에 서 있던 9는 마침 빈자리에 앉을 수 있었다. 퇴근길에 보기 드문 운이었다. 마치 아주머니의 의지와 희망 같은 것이 9에게도 전달된 듯했다. 9의 마음은 희망으로 가득 찼다. 버티다, 버티다 보면 언젠가는 다시 좋은 날이 올 것이다. 9는 마음을 다독이며 거스름돈을 정리하기 위해 주머니에서 동전을 꺼냈다. 그런데 동전의 개수가 이상했다. 동전을 세어보니 도합 1,500원 정도의 거스름돈을 덜 받은 상태였다.

허망한 웃음이 9의 입 밖으로 흘러나왔다. 동전을 쥔 손이 덜덜 떨렸다. 결국 상대를 갈기갈기 찢을 송곳니나 적을 위협할 발톱 하나 없고, 속임수 하나 부릴 줄 모르는 순진한 9는, 모든 야생의 존재들에게 보기 좋은 먹잇감일 뿐이었다. 타고난 태생을, 9같은 사람은 거스를 수 없다. 먹이사슬의 우두머리를 차지하는 것은 9가 아닌 태생부터 먹이 사슬의 상위계층에 있는 송곳니 무리의 특권이었다.

9는 자신의 온전했던 한쪽 팔마저 똑같은 초식동물에게 물려 뜯기는 것을 천천히, 그러나 명확하게 느꼈다.

 9% 혹은 99%의 경험담. 비극을 희극으로 희화화하는 능력을 갖추면서 비로소 어른이 된 기분입니다.

K는 조심스레 술집 문을 열었다

8장

무연고자

박민지

1

K는 조심스레 술집 문을 열었다. 육수 냄새가 나긋하게 풍겼다. 조리대 너머 머리에 수건을 두른 남자가 K를 바라보고 있었다. 남자 옆에 있는 스피커에선 음악이 흘러 나왔다. California Dreaming이었다. 캘리포니아. K는 한때 캘리포니아를 동경했다. 많은 영화 속 떠나버린 연인들의 종착지는 결국 캘리포니아였다. 죽어서라도 영혼은 캘리포니아로 떠나고 싶었는데.

녹녹해진 마음으로 한참을 입구에 우두커니 서 있었을 때, 무언가 K의 다리를 유영하듯 스치고 지나갔다. 호박색 눈을 가진 고양이가 K를 올려다보았다.

"앉으시지요"

남자는 별로 놀랍지 않다는 투로 K에게 말했다. 그러자 다리 아래 있던 고양이는 마치 K에게 이곳에 앉으라는 듯 테이블 위로 한숨에 뛰어 올라갔다. K는 마지못해 고양이가 뛰어 올라간 자리로 다가가 앉았다. K는 고개를 천천히 돌리며 술집 안을 뜯어보았다. 남자가 서 있는 조리대 맞은편으로 일렬로 늘어선 식탁이 있었다. 식탁과 조리대 사이엔 조미료가 담긴 듯한 병들이 언뜻언뜻 보였는데 낮은 칸막이로 가려져 있어 어떤 것들인지 정확히 보이지 않았다. 남자의 어깨너머 벽에는 조리 기구들이 걸려 있었다. 조리 기구들도 동물처럼 서열이 있는 듯, 제법 오래되어 보이는 웍을 중심으로 잡다한 것들이 자기들만의 규칙으로 벽에 걸려 있었다. 오른쪽엔 통유리로 된 술집 문이 보였지만, 벽에 듬성듬성 칠해진 검은색 페인트는 술집 분위기를 제법 어둡게 만들었다.

남자는 허리춤에서 작은 수첩과 펜을 꺼냈다. 메뉴를 주문하라는 듯 보였다. K는 정신을 가다듬고 남자 머리 너머로 메뉴판을 쳐다보았다. 메뉴판에는 치킨과 맥주. 두 가지뿐이었다.

K는 예닐곱 살 무렵 그의 아버지 손에 들려온 치킨을 처음 만난 후, 슬플 때면 보통 치킨을 먹었다. 단순히 먹는다는 개념이 아닌 병적인 집착에 가까웠다. 사랑한 연인과 헤어진 날. 혹은 직장에서 해고당한 날과 같이 인간이 겪을 수 있는 고통이 있는 때에는 치킨이 늘 함께였다.

마치, 여자가 화장을 하듯 맑고 뽀얀 모습으로 곱게 튀김옷을 입힌 닭을 보면 K는 설레었다. 튀김 파우더 분진 속 적당히 살이 붙어 통통한 모습은 마치 보티첼리의 '비너스의 탄생'을 보는 듯했다. 그리고 펄펄 끓는 기름에 들어가 치열하게 지글거릴 때면 저 통통하고 아름다운 닭이 본인을 대신해 절절히 울어주는 소리 같았다. 살아있는 닭들에게 미안하지만, 닭에게 가장 아름다운 순간이 있다면 바로 저 순간이 아닐까. 세상 어떤 음식도 조리되는 과정과 익어가는 소리로 누군가에게 아름다움을 주고 위로를 주지 못할 테니까. 바야흐로, 닭으로 태어나 인간에게 주는 가장 황홀한 선물일 것이다.

그래서 K는 아름다운 닭과 그 닭이 익는 소리에서 위안을 받았다. 슬픈 일이 있을 때면 K는 닭을 사고, 파우더를 입혀 튀겼으며 맛있게 먹었다. 일종의 의식 같았는데 만약 본인이 죽는 날이 온다면 적어도 오동통한 닭이 튀김 파우더를 곱게 입혀 익는 과정을 보고 죽으리라 다짐했다.

남자가 헛기침을 했다. 빨리 주문을 하라는 듯 보였다.

"치킨이요. 그것밖에 없네요."

본인의 이유야 어떻든 치킨밖에 없는 메뉴판을 두고 주문을 하라니, K는 의아했지만 곧 신경 쓰지 않기로 했다. 남자는 메모지와 펜을 허리춤에 넣고 냉장고 앞으로 갔다. 곧 비닐봉지에 담긴 닭이 남자의 손에 들려 나왔다. 선홍빛 윤기도는 살점들은 비닐봉지 안에 아무렇게나 담겨 있어 처량해 보였다. 그것은 인생 어디쯤에서 아무렇게나 구겨진 내 모습과 비슷했다.

남자의 손은 제법 두껍고 투박해 마음만 먹으면 닭다리 하나 정도는 가볍게 뭉갤 듯 보였다. 그러나 무용수가 손짓하듯, 손끝마디 하나하나 적당한 힘과 압력을 배분하며 밀가루 반죽 사이에서 닭을 조물댔다. 쫀득한 밀가루 반죽을 가득 머금은 닭고기는 튀김 파우더 속에서 뽀얗게 변했다.

남자는 곧 닭고기가 든 그릇을 들고 기름 솥 앞으로 다가갔다. 기름이 가득 든 솥은 고요했다. 기름은 시커먼 솥의 색을 그대로 비추어 흡사 깊이가 어느 정도인지 가늠이 안 되었다. 저곳에서 괴물이 나오진 않을까. K는 턱을 괴고 괴물의 모습을 상상했다. 상상 속 괴물이 몸통까지 나오는 찰나, 남자는 기름에 밀가루 반죽을 떨어트렸다. 고요하던 기름은 차르르 소리를 내며 얕게 지글거렸고, 곧 남자는 뽀얗게 화장된 닭고기를 기름 솥에 투엉투엉 넣었다. 조용하던 가게 안은 곧 치열하게 닭이 익는 소리로 가득 찼다.

2

"선배님, 저번에 들어온 시신 말인데요. 방에서 고독사했다는."

"어. 그 시신은 왜?"

"그냥 무연고로 처리를 할까요? 지금 인력도 없는데……."

"주민등록도 말소되었으니 그 방법밖엔 없겠지"

"하긴, 뭐 한두 명도 아니고, 누가 무연고자 시신에 신경이라도 쓸까요. 이런 시국에……."

김형사는 손에 들고 있던 담배를 입가로 가져가 깊게 빨아들이곤 한숨 쉬듯 연기를 길게 내뿜었다. 옥상으로 들이닥친 빨간 노을로 김형사의 얼굴도 덩달아 벌겋게 달아올랐다. 대기업 총수의 피살 사건으로 시끄러운 며칠이었고, 범인은 아직 잡히지 않았다. 대한민국 거물급 인사의 살인사건에 범인을 잡아 출셋길을 열어보려는 검사, 판사, 형사, 심지어 동네 지구대 경찰들과 그 동네 슈퍼 주인까지 두 눈을 시퍼렇게 뜨고 있었다. 당연히 어느 누구의 고독사 따윈 신경 쓸 겨를이 없었다.

"사실, 생전에 썩 좋은 사람도 아니었잖아요. 듣기론 말이 기업 총수지. 우리나라에서 돌고 도는 검은 돈은 그 양반이 다 만졌다던데."
"그렇지. 그러니까 한 맺힌 사람이 어디 한둘이겠어?"
"어휴. 그래도 거물은 거물인가 봐요. 범인 잡는 데 이렇게 인력이 투입되는 거 보면."

이순경은 난간 아래 보이는 주차장을 바라보았다. 또 어디선가 신고가 들어온 것인지 경찰차와 형사와 검사들이 빠르게 드나들고 있었다. 이순경은 난간에 턱을 올린 채 말했다.

"전 처음에 경찰이 되면 범죄자들 잡아넣고 사회

정의 실현이다 뭐 이런 걸로 뿌듯할 줄 알았거든요."

"그런데?"

"근데 가면 갈수록 이상한 생각만 나요. 특히 저렇게 돌아가신 분들 보면 잘 사는 것만 문제는 아닌 거 같고, 무연고자분들 보면 잘 죽는 것도 큰 숙제인가 싶고."

김형사는 손에 있던 담배를 바닥에 던진 뒤 신발로 지긋지긋 비볐다.

"쓸데없는 소리 말고 일이나 해."

김형사는 복도를 걸어가며 주머니 속 라이터를 만지작거렸다. 옥상에서 이순경이 한 말이 생각났다, 지워졌다를 반복했다. 한심한 인간. 뒈질 거면 좀 번듯하게 제대로 뒈질 것이지. 김형사는 중얼거리며 사무실로 들어갔다.

시신이 발견된 건 총수가 살해되기 전날이었다. 집주인의 신고로 발견된 시신은 참혹했다. 더운 여름날 폭삭 삭아 내려앉은 시신을 처음 봤을 땐, 여자인지 남자인지 흡사 누군가 장난으로 꾸며놓은 특수분장은 아닌지 의심이 들 지경이었다. 김형사는 책상을 뒤적거리다 제목도 제대로 적히지 않은 어느 사건 파일을 집어 들었다. 무연고 시신과 관련

된 사건 파일이었다. 당연히 이렇다 할 피해자와 가해자도 없는 사건이었다.

김형사는 의자에 앉았다. 의자는 좌우 회전 축을 그리며 흔들리고 있었다. 무연고 시신이 발견된 곳은 종로의 한 쪽방촌이다. 쪽방촌. 그곳에서 혼자 삶을 마감했다면, 필히 그럴만 한 삶을 살았을 사람일 테지. 김형사는 한숨을 쉬며 다음 페이지를 넘겨 보았다. 사건 현장을 찍은 사진들이 붙어 있었다. 시신은 다시 보아도 끔찍했다. 김형사는 얼굴을 찌푸리며 시신이 나오는 페이지를 착착 넘기다 문득 사진 속 사건 현장의 모습을 유심히 보았다. 쪽방촌은 별 특색 없는 장소라 집에 관해서 무심했던 김 형사였다. 하지만 지금 다시 본 집은 여느 쪽방촌과 제법 다른 분위기를 품고 있었다. 캘리포니아. 그 집엔 분명 캘리포니아가 있었다. 쪽방촌에서 캘리포니아의 거리는 어느 정도일까. 김형사는 사건 파일을 덮었다. 과연, 이순경 말대로 잘 죽는 것이 숙제라면 우린 죽을 때까지 숙제를 풀며 사는 인생이다. 어릴 때 숙제를 안 하면 선생님에게 혼나곤 했었다. 그러나 죽음에 관한 숙제를 잘 풀어내지 못했다는 건 대체 누구에게 혼나야 하는 걸까. 아니, 애초에 잘 풀어낸 죽음이란 무엇을 의미 하는 걸까. 망할 이순경 새끼. 뜨신 밥 먹이고 키워놨

더니 쓸데없는 소리만 하고. 하여간 후배란 놈들은 하나부터 열까지 귀찮게 하는 족속들이었다.

　김형사는 의자를 좌우로 흔들고 볼펜을 딸깍거리다 벽에 걸린 티브이를 보았다. 티브이에는 얼마 전 피살된 총수의 사건에 관한 보도가 지겹게 나오고 있었다. 범인은 아직 잡히지 않았다. 과연 총수의 죽음은 잘 풀린 숙제일까. 온갖 생각으로 머릿속이 아득해질 즈음, 누군가 김형사의 어깨를 툭 건드렸다. 오계장이었다. 김형사와 오계장은 같은 해 경찰 임용에 합격한 동기지만, 오계장은 큰 사건에만 여우같이 숟가락을 올렸다. 당연히 김형사보다 진급이 빠를 수밖에 없었다. 곰 같지만 약아빠졌고 사람 좋아 보이는 웃음은 어쩐지 느물거렸기에 김형사는 오계장을 썩 좋아하지 않았다.

"뭐 하고 앉아있어? 다들 범인 잡느라 똥줄 빠지게 돌아다니는데. 발로 뛰어야 형사지 인마."
"돌아 다녀야 형사냐? 앉아서 사건 파일 보고 있다. 왜."
오계장은 김형사의 책상에 있던 제목 없는 사건 파일을 집어 들었다.
"저번에 들어 왔다던 그 무연고? 이런 거 봐서 뭐 하게."
김형사는 오계장의 손에 있던 사건 파일을 거칠게

빼앗아 들었다. 오계장은 비어버린 손이 멋쩍은 듯 만지작거리며 김형사를 내려다보았다.

"야, 형구야. 내가 너 동기라 하는 말인데, 괜한 정의심 같은 걸로 사건 말을 때는 지나지 않았냐? 나 솔직히 진급할 때 너한테 많이 미안했다?"

"뭐가?"

"형구야. 나 너 정말 좋아해. 동기 놈들 범인 잡다가 죽거나 아님 병신 되거나 그거 보고 못하겠다고 때려치우고, 어떤 놈은 편한 곳으로 전근 가버리고. 결국 동기들 중에 남은 건 너랑 나 둘뿐 아니냐. 나 너랑 같이 가고 싶어. 같이 진급하고 오래오래 쭉. 그러니까 너도 이제 이런 쓸데없는 거 말고 제발 굵은줄 좀 잡아. 두 팔 성할때 빨리 올라오라고"

"아, 이 새끼가 진짜."

"기분 나쁘냐? 제수씨 둘째 가졌다며. 처자식 생각도 해야지."

김형사는 처자식이라는 말에 마음이 울렁거렸다. 처자식. 그에겐 처자식이 있었다. 올 때 치킨을 사 오라던 여섯 살 아들 녀석의 말이 머릿속에 왕왕 울렸다. 애매한 사건을 쫓으며 쓸데없는 사건에 호기심을 보일 때는 아니었다.

"잘 생각해. 범인 아직 안 잡혔다. 그놈이 졸라 고맙게, 아직 안 잡혀 주셨다고. 그리고 이 사건 해결하면 특진만 있겠냐."

오계장은 김형사의 귓가에 자신의 얼굴을 바싹 들이대고 낮은 목소리로 속삭였다.

"이번 사건 광수대 애들까지 들쑤시고 있어. 하이에나 같은 놈들이 괜히 움직이지 않아. 대어라고 대어. 잡으면 월척이야."

오계장은 김형사의 어깨를 토닥거린 뒤 사무실을 나갔다. 발로 뛰라던 그의 구두굽 소리가 유난히 크게 들렸다.

3

"여기는, 어디이지요?"

먼저 입을 뗀 것은 K였다. 닭을 튀기는 남자의 뒷모습만 보기엔 꽤나 지루한 시간이었다. 남자는 등 근육을 씰룩거리며 닭을 튀기다 이내 입을 열었다.

"저승과 이승의 사이쯤이라고 하면 알까요."

남자는 기름 속 닭튀김을 기름방으로 건져내 톡톡 두들겼다. 기름망 아래로 기름 몇 방울이 처량하게 떨어졌다. 그리곤 닭튀김은 다소곳하게 있던 얕은 접시에 차곡차곡 담겼다. 남자는 씻어서 물기를 빼놓은 방울토마토를 반으로 갈라 닭튀김 옆에 제법 보기 좋게 두었다. 썩 볼품 있는 구색은 아니었지만 정성이 아주 없지 않아 보였다.

남자는 나무젓가락과 닭튀김이 담긴 그릇을 K 앞에 조심스럽게 올려 두었다.

"이곳은 저승으로 가기 전 잠시 쉬어가는 휴게소입니다."

휴게소라는 말에 그릇을 집으려 들던 K의 손이 멈칫했다. 그리곤 남자의 얼굴을 올려다보았다. 남자는 팔짱을 낀 채로 반대편 조리대에 걸터앉아 있었다. 다소 놀란 K와 다르게 남자는 너무나 태연해 보였다. K는 마른침을 삼키고 그릇을 자신의 앞으로 가져갔다.

"휴게소라니, 참 별 희한한 게 다 있네요."

남자는 K의 이런 태도가 당연하단 듯 웃으며 대답했다.

"이곳은 아까 말씀드렸다시피 저승과 이승의 경계이고 또 이승을 정리하며, 저승에서 망자에게 주는 일종의 배려입니다."

"배려라고요?"

"네. 앞으로 당신은 저승으로 가게 될 것입니다. 이곳에서 휴식을 취하면서 향후 거취에 대해 미리 안내드리는 곳이죠."

남자는 구석에 있던 손바닥만 한 양팔 저울을 K앞에 두었다. 저울은 언뜻 보기엔 어디서나 흔히 볼 수 있던 모양새였으나, 가운데를 지탱하는 기둥은 얇았고, 접시는 비정상적으로 넓었다. 자칫 잘못하다간 무언갈 올려놓기도 전에 그대로 자빠질 만한 모양이었다. 가느다란 기둥 아래로 저울 전체를 지탱하는 받침대가 있었다. 받침대는 나무로 만들어져 제법 도톰한 두께를 가지고 있었는데 자세히 보니 작은 서랍이 달려있는 듯했다. 남자가 받침대에 있던 서랍 문을 열자 쇠구슬 더미가 데구루루 하고 굴러 나왔다. 남자는 구슬을 집어 추에 하나하나 올려두며 말했다.

"세상을 이루는 요소들 중, 가장 중요한 건 균형입니다. 망자와 산자, 이승과 저승, 선과 악. 빛과 어둠 이것들은 모두 정해진 비율만큼 존재해야 세상은 유지됩니다."

남자의 말이 끝나자, 양쪽 접시에 똑같은 쇠구슬을 담은 저울은 정확히 수평을 유지했다. K는 당연한 광경에 홀린 듯 수평을 유지하는 저울을 뚫어지게 바라보았다. 저울은 자신의 세계에서 완벽한 균형을 유지한 채 고요히 잠들어 있었다. 이 중 단 하나라도 건들면 적막한 평행은 무너져 내릴 것이다. 그래서 K는 저울 앞에서 자신의 숨결 하나도 함부로 뱉을 수 없었다. 그때, 고요한 수평을 깨버린 건 남자였다. 남자는 한쪽 접시의 끝을 손으로 톡 하고 건드렸다. 남자가 저울의 끝을 건드리자 저울은 한쪽으로 급격히 기울기 시작했다. K는 억 하는 소리와 함께 무너져버린 수평에 가슴이 내려앉았다. 고요한 저울은 곧 구슬을 토해내며 쓰러질 것이다. K는 갑자기 남자가 원망스러웠다. 그때, 무너질 줄 알았던 저울은 양쪽의 접시가 그대로 한 바퀴를 돌아 양팔을 나풀거리곤 곧 다시 수평을 유지했다.

"방금 이 저울처럼 이승의 산자와 저승의 망자는 언제든지 바뀔 수 있습니다. 이승과 저승은 주기적으로 순환이 되어야 하죠. 그 순환을 위해서 당신은 저승으로 건너가 곧 환생하게 될 겁니다."

"지긋지긋한 삶을 다시 사는군요."

K는 삶이 다시 시작된다는 것이 서글퍼졌다. 썩 좋은 인생이 아니었고, 다시는 살아있다는 감정을

느끼고 싶지 않았다.

"환생을, 하지 않으면요?"

남자는 입을 굳게 다문 채 뒷짐을 지고 남은 쇠구슬을 만지작거렸다. 고요한 수평을 유지하던 양팔 저울처럼, 이렇다 할 감정을 보이지 않은 그였다. 제법 번듯한 인상의 그였으나 K의 질문 앞에 입을 굳게 다문 그의 모습은 약간의 살기마저 느껴지는 터였다. 남자는 저울에 달린 오른쪽 접시의 추를 내려놓았다. 그러자 저울은 어김없이 기울어 와르르 무너지고 말았다. K는 곧 자신이 쓸데없는 질문을 했다는 걸 깨달았다. 저울에 추를 올리는 자들이 누군지 몰라도, 그들에겐 이것이 중요한 문제이겠지. 또한 K가 환생을 하지 않겠다 말하는 건 그들이 만든 고요한 수평을 무너트리겠다는 이야기였다. K는 남자를 보고 체념한 듯 고개를 가로로저었다. 남자는 K의 심경이 변화했다는 걸 알았다는 듯, 양팔 저울을 정리하기 시작했다.

K는 남자의 모습을 보다 닭튀김을 집은 후, 입안으로 가져갔다. 앞니가 바삭한 튀김옷을 비집고 들어가자 곧 야들야들하고 따듯한 살결이 느껴졌다. 결대로 찢어진 닭튀김은 K의 입안에서 짓이기고 뭉개졌다. 잘 튀겨진 튀김 특유의 고소한 풍미가

K의 입안에 가득했다. K는 눈을 감고 한참 동안 입안의 치킨을 우물거리다 천천히 입을 열었다.

"그런데, 아까 말한 그 정리라는 건 또 무엇인가요?"

4

김 형사가 무연고자의 집으로 온건 수 시간 전이었다. 그는 이곳으로 오기까지 담배를 다섯 개비나 연달아 피웠으며, 사이사이 자판기 커피를 세 잔이나 마셨다. 덕분에 그의 차는 시동이 걸린 채 한 시간 동안 주차장에 서 있었어야 했고, 차 문짝은 열렸다 닫혔다를 수십 번 반복했다. 하지만 숱한 고민 끝에 온 사람 치곤, 김형사는 아무것도 하지 않았다. 그저 우두커니 서서 벽에 붙은 캘리포니아 사진들을 보고 있었다.

캘리포니아. 미국에서 가장 잘사는 주라는 수식답게 사진 속 풍경은 맑고 화창했다. 별 하나 제대로 들어오지 않는 이 방과는 전혀 어울리지 않는 그림들이었다. 확실히, 쪽방촌에서 캘리포니아까지의 거리는 꽤 멀었다.

김형사는 주머니 속 라이터를 만지작거리다 방 안을 휘휘 둘러보기 시작했다. 캘리포니아 사진이 붙은 벽 아래로 아무렇게나 널린 이불 더미가 있었다. 시신이 가장 처음 발견된 곳이다. 현장을 보존한답시고 삭아버린 시신이 있던 이불은 그대로였다. 김형사는 미간을 찌푸리고 방을 다시 둘러보았다. 하지만 방 안에는 이렇다 할 살림살이가 있지는 않았다. 엄밀히 말하면 방은 캘리포니아와 이불, 그리고 먹다 남긴 치킨 박스와 약간의 조리 도구뿐이었다. 습기에 들떠버린 장판은 제멋대로 울퉁거렸고 창문이라곤 얼굴 하나 겨우 내밀까 말까 한 쪽창 하나뿐이었다. 벽 모서리 사이로 음습하게 내려오는 곰팡이 자국은 마녀의 손가락이 방 전체를 꽉 움켜쥐고 있는 듯했다. 소름 끼칠 정도로 기괴한 곰팡이 자국 때문인지, 아니면 쪽방이라는 지리적 특성 때문인지 한여름에도 이 방은 어쩐지 서늘했다.

　천천히 방을 둘러보던 김형사는 방구석에 아무렇게나 쌓인 치킨 박스를 뒤적거렸다. 흡사 그동안 먹은 닭들의 원혼이 갑자기 나타나 밤새 쪼아 죽인 건 아닌가 싶을 정도로 꽤나 많은 양이었다. 김형사는 자리를 털고 일어나 다시 주머니 속 라이터를 만지작거렸다.

"캘리포니아에, 닭을 멸종시킬만한 치킨에, 고독사라. 가지가지 했구만."

김형사는 담배에 불을 붙였다. 담배는 유난히 쌉싸름했다. 니코틴을 가득 머금은 김형사의 들숨과 날숨은 텅 빈 방안을 성성이 채우기 시작했다. 방에 있는 작은 창문으로 가로등 불빛만 희미하게 들어왔다. 이런 곳에서 혼자 죽었다니. 김형사는 잘 죽지 못했다는 이순경의 말이 머릿속에 다시 맴돌았다. 담뱃불이 그의 손가락까지 닿을 때쯤 그는 장판 위에 담배를 던지고 신발로 지긋지긋 비볐다. 담배는 장판에 까만 눌은 자국을 내며 납작하게 눌렸다. 납작하게 눌린 담배 꽁초가 김형사의 머릿속 같았다. 쪽방. 단칸방. 곰팡이. 분명 사는 것도 고단한데, 대체 언제부터 죽는 것마저 잘 해야 하는 숙제가 돼버린 건가. 어릴 때 풀던 문제집은 답안지라도 있었지만, 죽음은 그렇지 않았다. 일생에 딱 한 번 우린 모두 죽을 권리를 가진다. 그러나 그 공평한 권리마저 누군가로부터 잘하고 못하고가 정해진다. 그의 눈가가 파르르 떨렸다. 방 안 에 부유하던 담배 연기 사이로 밤새 치킨을 기다리며 잠들 아들 녀석의 얼굴이 생각났다. 김형사는 무연고자가 폭삭 삭았을 이불을 성큼성큼 밟으며 벽 앞으로 다가갔다. 벽에 붙은 캘리포니아 사진들을 보는 김형사의 동공이 흔들리기 시작했다.

"현장 보존은 무슨. 씨발."

김형사는 곧 벽에 붙은 캘리포니아 사진들을 떼어내기 시작했다. 오래된 테이프는 누렇게 녹아버려 손가락만 툭 건드려도 우수수 떨어졌다. 김형사는 벽에 붙은 사진들을 하나도 남김없이 떼어냈다. 그리곤 바닥에 떨어진 사진들을 챙겨 집 밖으로 나왔다.

한 손엔 사진 뭉치를, 다른 한 손은 주머니 속 라이터를 만지작거리고 있었다. 듬성듬성 세워진 가로등 아래를 지나가는 김형사의 얼굴은 밝아졌다 어두워졌다를 반복했다. 한참을 걸었을 때, 그는 어느덧 골목 끝에 다다랐고, 아까의 쪽방은 한 동네라 믿기지 않을 정도의 번화가가 나왔다. 고작 몇 발자국 차이일 뿐인데 밝고 어두움이 분명했으며 북적거렸고 시끄러웠다. 김형사는 빠르게 사람들 틈으로 들어갔다. 한참을 걷던 그는 어느 치킨집 앞에 다다랐다. 갓 튀겨진 치킨들이 통통한 살을 뽐내며 진열대 위에 차곡차곡 쌓여 있었다. 김형사의 핸드폰이 요란하게 울린 건 그때였다. 김형사는 주머니 속에서 요란하게 울리는 벨소리를 애써 무시했다.

"치킨 두 마리 포장이요."

김형사의 목소리에 가게 안에 앉아 티브이를 보던 치킨집 주인이 종종거리며 나왔다. 치킨집 주인은 진열된 치킨을 데우려 다시 기름 솥에 넣으려 하던 찰나, 김형사가 만류했다.

"튀겨 놓은 것 말고, 새로 튀겨주세요."
"아이고, 그럼 시간이 좀 걸릴 텐데. 안에 들어가서 기다리던가. 그럼."

김형사는 멋쩍은 듯 가게 안으로 슬그머니 들어왔다. 치킨집이라고 하기 뭣한 작은 가게였다. 옥색 식탁이 네 개 정도 있었고 구석에는 작고 낡은 브라운관 티브이가 징징거리며 켜져 있었다. 김형사는 의자에 앉아 치킨이 만들어지는 모습을 바라보았다. 치킨집 주인은 오동통한 손으로 무용수가 손짓하듯, 손끝마디 하나하나 적당한 힘과 압력을 배분하며 밀가루 반죽 사이에서 닭을 조물댔다. 쫀득한 밀가루 반죽을 가득 머금은 닭고기는 튀김 파우더 속에서 뽀얗게 변했다.

주인은 곧 닭고기가 든 그릇을 들고 기름 솥 앞으로 다가갔다. 기름이 가득 든 솥은 고요했다. 기름은 시커먼 솥의 색을 그대로 비추어 흡사 솥의 깊이가 어느 정도인지 가늠이 안되었다. 주인은 뽀

얇게 화장된 닭고기를 기름 솥에 투엉투엉 넣었다. 조용하던 가게 안은 곧 치열하게 닭이 익는 소리로 가득 찼다. 치킨이 무사히 기름 안으로 들어간 것을 보고 김형사는 안심한 듯 작고 낡은 티브이를 바라보았다. 티브이에선 총수의 장례식이 보도되고 있었다. 티브이 속에 나온 그의 죽음은 실로 거대한 것이었다. 개수를 세기도 힘들 국화 사이에 그의 영정이 있었으며, 모두가 그의 죽음을 슬퍼하고 아쉬워했다. 이토록 주목받는 죽음이라니. 누군가의 죽음은 빨리 처리해야 할 사건 중 하나고, 또 다른 누군가의 죽음은 거대하고 무겁게 치러진다.

"그래도 저 양반이 우리나라 경제 다 살렸는데. 죽어서 좋은데 갈 거야."

치킨집 사장은 티브이를 흘긋 보며 혼잣말로 중얼거렸다. 김형사는 손에 있던 캘리포니아 사진들을 꽉 쥐곤 기름에 자글자글 익어가는 치킨을 바라보았다.

Last
  -K의 이야기-

K는 마지막 남은 치킨 조각을 입으로 가져갔다.

천천히 식어버린 치킨은 어느새 튀김옷이 눅눅해져 있었다. 그는 입안에서 치킨을 짓이기고 뭉갰고 혀로 뒤적거리다 목구멍 안으로 꿀꺽 삼겼다. 튀김옷과 살들이 뒤섞여 그의 목구멍 안으로 밀려 들어갔다. 그리고 그 순간 번쩍하는 섬광이 그의 몸을 감쌌고, 그의 주변이 무너져 내리기 시작했다. 치킨을 튀기던 솥도, 그것을 튀기던 남자도, 술집도, 고양이도, 바람에 모래가 날리듯 모두 사라지고 있었다. K는 들고 있던 젓가락을 내려놓고 자리에서 일어섰다. 주위를 휘휘 둘러보아도 어느 하나 성한 것 없이 사라지고 있었다. K는 두 손으로 머리를 감싸고 두 눈을 꼭 감았다.

술집이 무너져 내리고 그의 눈앞에 비친 것은 어느 시신이었다. 폭삭 삭아버렸지만 단번에 자신임을 알 수 있었다. K는 아무리 제 몸뚱이라 할지라도 삭아버린 시신의 모습에 다리에 힘이 풀리고 속이 울렁거렸다. 방금 먹은 치킨이 목구멍을 비집고 다시 나올 것 같았다. 두 눈을 질끈 감고 고개를 휘휘젓다, 다시 자신의 시신을 똑바로 바라보았다.

정신을 차리고 보자 자신의 시신엔, 방에 붙어 있던 캘리포니아 사진들과 그토록 좋아하던 치킨 한 박스가 놓여 있었다. K는 의아했다. 아무도 기억해주는 이 없는 삶이었고, 잘 죽지 못한 죽음이었으며 따라서 자신을 살뜰히 챙겨 줄 사람이 없었기 때문이다. K는 아무리 생각을 해보아도 자신을 이렇게까지 챙겨 줄 만한 사람이 떠오르지 않았다. 그러나 곧 목울대가 울렁거렸다. 조금이라도 더 살아 볼 만한, 그래도 살아봐야 했던 삶이라는 생각이 들었다. 그래서 일찍 마감했던 자신의 삶이 아쉬워졌다. 조금 더 살았다면 자신도 남들처럼 좀더 번듯한 마지막을 준비하지 않았을까. K는 곧 자신의 시신을 어루만지며 어린아이처럼 엉엉 울기 시작했다.

그때 영안실의 문이 열리고 검은색 양복을 입은 한 남자가 들어왔다. 아까 술집에서 닭을 튀기던 남자였다. 머리에 수건을 두르고 음식을 만들던 모습은 온데간데없고, 멀끔한 사내의 모습이었다.

"어떻게 된 것이지요?"

K는 얼굴에 흘러내린 눈물을 아무렇게나 닦고 온몸을 파르르 떨며 물었다.

"이제 다 끝났습니다."
"끝이라는 게…."

남자는 캘리포니아 사진과 치킨을 내려다보았다. 시신 위에 올려진 사진은 가지런히 정리되어 노끈으로 묶여 있었다. 치킨의 온기도 미지근하게 남아있었다. 남자는 K의 곁으로 다가가 한쪽 손을 내밀며 말했다.

"아주 잠깐 당신을 생각하던 한 사람이 방금 당신 곁에 머물다 떠난듯 합니다. 이로써 이승에서의 남은 일들은 완전히 사라졌습니다. 이제 저와 함께 가시면 됩니다."

K는 자신의 몸뚱이와 사진들과 치킨과 남자의 손을 번갈아 보다 이내 남자의 손을 잡았다. 그리고 그들은 천천히 사라졌다.

-김형사의 이야기-

집으로 돌아온 김형사는 소파에 몸을 기댄 채 눈을 감았다. 이순경. 오계장. 쪽방. 캘리포니아. 그리고 치킨. 모두가 희미해지며 스르르 잠이 왔다. 그리고 티브이에선 총수 살인 사건의 범인을 검거했다는 뉴스가 대대적으로 나오고 있었다.

 소울 푸드란 ..

K는 조심스레 술집 문을 열었다

조성진

케이는 조심스레 술집 문을 열었지만 문은 케이의 얼굴에 부딪혔다. 케이의 안경은 반으로 부러져 바닥에 떨어졌다. 거센 바람 때문에 문은 두 번 더 입을 크게 벌렸다. 그는 중요한 서류가 든 가방을 품에 안고 보이지 않는 눈으로 안경을 찾으려 손으로 바닥을 더듬거렸다. 케이는 결국 자신의 안경을 발로 밟았다. 케이는 주변 사람들에게 도움을 요청했다.

"죄송합니다. 제가 눈이 보이지 않습니다. 요기 근처에 생생안경점이 어느 방향인가요?"

"저쪽으로 가면 있소."

케이는 그게 어느 방향인지 몰랐지만 감사하다고 인사를 하고 행인이 가리킨 방향과 반대로 걸어 나갔다. 케이는 주변 사람들의 어깨를 부딪치며 걸었다.

"죄송합니다. 제가 앞이 보이지 않아서 그럽니다."
"별 미친놈을 다 보겠군."

어디선가 소리가 들려왔다. 케이는 사람들이 모여 있는 곳에 가서 다시 도움을 요청했다. 그곳은 버스정류장이었다. 케이가 도움을 요청할 때쯤 버스가 와서 사람들은 우르르 버스를 타기 정신없었다.

"제가 눈이 보이지 않아서 그럽니다. 누구 저를 생생안경원에 데려다주실 분 없을까요?"
"아까 그 미친놈 아냐?"

어디선가 목소리가 들려왔다. 케이는 연거푸 '죄송하지만'을 입에 달며 도움을 구했다. 그때 한 사내가 주차된 경찰차를 보고 달려가 무언가 이야기를 하고 돌아왔다. 그는 케이에게 말을 걸었다.

"저기 경찰이 정식으로 신고하라는대요?"

케이는 탄식하면서도 예의 바르게 행동했다.

"감사합니다."

그는 고개 숙여 인사했다. 그때 아주 친절한 남자가 다가왔다.

"제가 안내해드리죠."
"감사합니다. 여기 생생안경점으로 데려다주실 수 있을까요?"

정말 친절한 남자는 케이의 손을 잡고 20분 넘게 걸어 다른 안경점으로 데려갔다. 친절한 남자는 케이를 안경점으로 집어넣은 다음 사라져 버렸다.

안경점 주인은 밝은 미소로 케이를 맞이했다. 이미 다 알고 있다는 듯이 케이를 자리에 앉히고는 시력을 확인하고 금세 안경을 만들어 주었다. 안경점 주인은 계산기를 두드려 케이에게 보였다. 케이는 떨리는 목소리로 안경점 주인에게 말했다.

"제가 보통 사는 안경집에 비해 3배나 비쌉니다."

"그럼 거길 가지 그랬소?"

케이는 한숨을 쉬며 양복 안쪽 주머니에 지갑을 찾으려 애썼다. 지갑은 없었다. 아마 친절한 남자가 가져간 것이라 케이는 생각했다.

"죄송하지만 외상을 할 수 없을까요? 지갑이 없습

니다."
"어디서 수작질이야?"

사장은 케이에게 안경을 뺏었다. 케이는 몇 번을 사정했다. 안경점 주인은 경찰에 전화했다. 전화하며 안경점 사장이 케이에게 물었다.

"이름이 뭐요?"
"케이입니다."
"이름이 게이라구요?"

케이는 강하게 다시 한 번 발음 했다.

"케!이!입니다."

사장은 전화를 끊고 케이를 노려보고는 말없이 기다렸다. 경찰 한 명이 들어왔다. 사장은 사기죄로 신고를 하고 싶다고 했다. 케이는 소매치기를 당한 거라고 항변하며 경찰에게 하소연했다.

"안경 값도 터무니없이 비쌉니다."

사장은 안경을 들어 보이며 소리쳤다.

"이 안경은 장님 같은 당신도 잘 보이게 한 안경이라고!"

상황을 지켜보던 경찰은 이제 곧 야간통행 금지

시간이 시작된다고 사장에게 일러주었다. 그리고 사장에게 안경값을 반으로 깎으면 이 자리에서 자신이 계산하겠다고 했다. 경찰은 사이렌이 울리기 전에 다들 빨리 집으로 들어가자고 했다.

케이는 눈물을 흘리며 말했다.

"정말 감사합니다. 내일 바로 갚도록 하겠습니다."

안경을 쓰고 당당해진 케이는 시계를 보았다. 통행금지 시간이 30분 남았다. 그는 딱 한 잔만 마시고 집에 들어가고 싶었다. 오늘은 정말 힘든 하루였지 않은가? 우여곡절 끝에 안경도 새로 샀고 경찰에게 택시비도 넉넉히 받지 않았는가? 케이는 다짐했다. 딱 한 잔만.

케이가 술집에서 술을 두 잔 마셨을 때 이미 통행 금지 시간은 지났고 술집 사장은 자연스럽게 문을 잠그고 소리쳤다.

"아침까지 비뚤어지게 마십시다."

손님들은 환호했다. 케이 역시 술병을 머리 위로 들어 올리며 환호했다. 그러나 얼마 지나지 않아 가게 문이 열리고 경찰들이 들이닥쳤다. 경찰들은 손님들의 손에 수갑을 채웠다. 케이 역시 수갑이 채워졌는데 그 앞에는 케이에게 돈을 빌려준 경찰이 서 있었다.

 저 자신의 이중성을 케이로 보여주고 싶었어요.

헤밍웨이의 6단어

9장

아기 신발 팝니다. 한 번도 신은 적 없음

박민지

[고민 상담 게시판]
2018. 10. 25.
글 제목 : 받으려고만 하는 친구. 어떡하죠?
작성자 : 굼벵이

안녕하세요. 고민 상담 게시판은 늘 눈팅만 하다가 처음 글을 써보아요. 저는 서울에 사는 20대 여자에요. 지금 핸드폰으로 쓰고 있어서 오타가 있어도 양해 바랄게요.

친구가 한 명 있어요. 중학교 때는 그냥저냥 알고 지내다가 고1때 같은 반이 되고 첫 짝꿍을 하면서 친해졌어요. 친구 집은 원래 잘 살았어요. 둘 다고향이 경기도인데, 경기도 쪽에서도 땅값 비싸다는 동네에서 넓은 마당이 있는 저택을 짓고 살았으니까요. 아버지가 사업한다곤 들었는데 자세한 건 모르겠네요. 반면 우리집은 잘사는 것도 못사는 것도 아닌 그냥 평범 그 자체였어요. 그래도 그땐 이 친구와 어울리는 데 딱히 어려움은 없었네요.

아무튼 고등학교 때는 친구랑 잘 붙어 다녔구 성적도 비슷해서 친구랑 저는 둘 다 서울에 있는 대학에 왔어요. 그리고 친구나 저나 통학하기엔 애매한 거리라 서로 가까운 곳에서 자취를 했어요.

그런데 친구와 제 사이가 변하기 시작했던 건 그 해 초겨울쯤 부터 였을 거에요. 대학교에 가서 장학금은 못 받아도 학교는 성실히 다니던 친구였는데 어느 날 웬 남자를 만나더라구요.
그렇게 개강 전까지 주말마다 친구 집은 비워져 있었고 저도 그땐 제 생활비를 벌어야 해서 알바를 하느라 연락도 점점 줄어들었죠. 그리고 2월 말쯤이었나, 새벽에 누가 우리집 초인종을 누르길래 놀라서 나가보니 친구가 엉엉 울면서 서 있더라구요. 너무 놀라서 집으로 데리고 들어와서 진정 시키고 그간의 자초지종을 들었죠.

연락이 안된 2개월 동안 친구는 그 남자 집에

서 거의 살다시피했고 결국 임신까지 해서 서둘러 결혼해야 할 거 같다구요. 그리고 오늘 이 문제로 남자친구랑 투닥거리다가 홧김에 나왔는데 갈 곳이 제 집밖에 없었다고 하더라구요.

부모님한테 말씀드리자니 머리채 잡혀서 병원으로 끌려갈 거 같고, 애를 지우는 건 도저히 못할 짓 같은데 어떡하냐며 엉엉 우는데 저도 그만 친구의 말이 너무 기가막혀서 그대로 자리에 주저 앉았어요.

뭐 어쨌든, 그 뒤로 친구 부모님이 친구를 끌고 가려고 했던 것도 여러 번이고. 새벽에 급히 친구 연락받고 가 보면 아기 아빠라는 그 남자는 친구네 부모님한테 뺨 맞고 머리채 잡히는 모습도 여러번 보았구요.

친구네 아버님 여러 번 뒷목 잡으시고 어머님은 가슴을 팡팡 치면서 여러 번 우시고. 저는 어머니 그만 진정하세요, 했다가 되려 저마저 욕먹는 날이 한 달 정도 지나고 나서야 친구는 아기를 낳는 조건으로 친정 부모님과 인연을 끊고 살게 되었어요.

그때도 친구네 오피스텔에 놀러가고 하루하루 불러오는 배에 신기해하고 잘 지냈는데, 친구가 본격적으로 이상해지기 시작한 건 아이를 낳은 뒤였

던것 같아요.

저야 친 조카는 아니지만 아이가 태어날때도 같이 있었고, 조카라는 생물이 처음 생겼을 때라 아기가 자꾸 눈에 밟히더라구요. 그래서 친구네 집에 들를때 아기 기저귀며 딸랑이며 분유 같은 걸 자주 사다 주었어요. 그땐 저도 학생이라 없는 용돈 쪼개고 쪼개서 사 준 거였지만 괜찮았어요. 사정이야 어떻든 저한테 소중한 친구고 또 그 친구의 아기였으니까요.

근데 시간이 흐를수록 친구의 행동이 점점 이상해지기 시작했어요.

친구가 아이를 낳고 나서부터 가끔 답답하다, 아이 낳지 말 걸 그랬다, 우울하다고 말하길래 산후 우울증 같아서 종종 밖으로 불러낸 적이 있었어요. 고작 밖에서 하는 식사와 커피여도 집에서 보았던 육아에 찌든 친구의 모습과는 완전 딴판이더라구요. 정말 예전처럼 얼굴에 생기가 도는 것 같았어요. 그런 모습에 저도 뿌듯했는데, 왠지 모르겠지만 친구에게 함부로 더치페이 요구를 못하겠더라구요.

그런데 어느 날 부터 친구가 저를 아기용품 매장에 끌고가더니 아기 옷 몇 개 고르면서 말도 못하는 아기인데 본인 입으로 이모 이거 사주세요~~ 라고 말도 안 돼는 연기를 하더라구요. 그때부터 좀 쎄하다 싶었는데 그때 정신을 차렸어야 할까요.

근데 제가 이 글을 쓰고 심각하게 고민하게 된 계기는요, 조금 있으면 친구 아기가 돌이거든요. 날도 추워지기도 했고 또 아기가 걸음이 빨라서 곧 아장아장 걸어다닐 때라 축의금 5만원 따로 하고 아기 패딩 부츠를 선물로 하나 사두었어요. 저번에 보니까 아직 여름 운동화 신고 있는게 마음에 걸려서요. 이거 준비한다고 한 달 전부터 긴축 재정 들어갔구, 힘들었지만 부츠 신고 걸어다닐 아기 생각하니까 뿌듯하더라구요. 근데 방금 친구한테 카톡이 왔는데 이건 좀 아닌거 같아서 고민 끝에 올려보아요. 아래 스샷 좀 봐 주세요.

친구 : 이모~~ 자요??

나 : 웅 우리 ㅇㅇ이 왜용?

친구 : 이모~ 돌잔치 때 나 금반지 갖고 싶어요. 노란색 종이도 두 개 가지고 싶어요~~ 그리고 추워서 패딩도 사고 싶어요~~~~ 이거요~~ ㅇㅇ이는 이거 갖구싶어요 ~

친구 : (사진)

———————————댓글———————————

호빵 : 님 아직 22살이라 세상 물정 모르죠? 세상엔 님 상식보다 못한 사람도 있고 남보다 못한 친구도 있답니다. 이미 등신 같지만 더 호구 잡히기 전에 얼른 발 빼세요.

구더기 : 님 친구한테 약점 잡혔어요?

야옹이 : 님 친구랑 진지하게 대화를 해보는 건 어때요? 친구도 사는 게 팍팍하다보니 그럴 수 있지 않을까요. 애 키우는 게 얼마나 힘든데요.

정때문에 : 님 친구한테 급하게 돈 쓸 데 있다고 빌려 달라고 해봐요. 한 50만원 정도. 빌려 주나 안빌려 주나. 빌려 주면 친구는 정말 윗님 말씀대로 육아가 힘들어서 그런 거고 아니면 님 그냥 호구입니다. 카톡 차단 ㄱㄱ

ㄴ신낏 : 오 이 방법 ㅊㅊ 진짜 이게 친구 속마음 알기 딱이네요.
ㄴ차차 : 솔로몬급. 천재 인정.
ㄴㄹ : 아 나도 이런 친구 있는데 한번 써먹어봐야겠어요 ㄱㅅ.

[20대 고민 게시판]

2018. 10. 27. (pm 11:59)

글 제목 : 받으려고만 하는 친구 뒷이야기 입니다.

작성자 : 굼벵이

안녕하세요. 지난번에 받으려고만 했던 친구 글을 올렸던 굼벵이 입니다. 말씀대로 친구에게 급하게 쓸 돈 있다고 빌려 달라고 해봤어요. 아래는 카톡 캡쳐입니다.

나 : ㅇㅇ아 자? (pm 8:00)

친구 : 웅? 아니 왜?
티비보고있어 (pm 8:00)

친구 : (사진) (pm 8:00)

친구 : 이거 봐라 우리 ㅇㅇ이 이쁘지? 오늘은 혼자서 거실 한바퀴 걸었어. 운동시켜야할듯 ㅋㅋ (pm 8:01)

나 : 오 멋지다. 진짜 나중엔 운동시켜야겠다.
(pm 8:01)

나 : 아 ㅇㅇ 아 있잖아, 혹시 50만원만 빌려 줄 수 있어?
다음주에 알바비 나오니까 바로 보내줄게.
급하게 쓸 데가 있는데 통장 잔고가 없어 ㅠ
(pm 8:01)

친구 : 헐 그 큰돈을 어디쓰려고?
너 무슨 일 있어? (pm 8:20)

나 : 응응 몸이 좀 안좋아서 내일 병원가야 하는데
돈이 똑 떨어져서. (pm 8:20)

친구 : 병원 꼭 내일 가야돼?
다음주에 가면 안 돼? (pm 8:30)

나 : 응 대학병원이라 예약하려면 또 한참 걸려.
이번 한 번만 빌려 주면 다음주에 이자쳐서 보내줄게.
(pm 8:30)

저 뒤로 지금까지 답장이 없어요. 역시 전 호구였나봐요. 카톡에 1이 안 없어져서 늦게라도 연락 올까 봐 기다렸는데 오늘 오후에 친구 인스타에 외식했다는 게시글 올라온 것 보고 친구 카톡이랑 전화 다 차단했습니다.

앞으로 좀 더 정신 똑바로 차리고 살아야 할 거 같아요. 아무튼 절 일깨워 주신 여러분 감사드립니다. 험한 세상 정신 똑바로 차리고 살아갈게요.

―――――――――――――댓글―――――――――――――

호빵 : 거봐 호구됐잖아. 더 지냈으면 님 언젠가 크게 뒤통수 맞았을 듯. 앞으로 뒤통수 보여주고 다니지 마셈.

구라치면 : ㅋㅋ 맞아 사실 나도 저렇게 호구 탈출함. 내가 호군지 아닌지 알아보는 방법은 저 방법이 직빵임. 나중에도 비슷한 일 겪으면 꼭 써먹어보셈ㅋㅋ.

탈모병원의사 : 어린 친구가 인생 경험하느라 고생했겠네요.

출렁이는뱃짤 : 주작 아니라 실화임?

[중고 장터 게시판]

글 제목	작성자	작성일
한조각 먹은 피자 팜. 직거래 가능.	ㅏㅏㅏ	(2018.10.28)
가습기 팝니다. 택배 가능. 네고 금지.	습기	(2018.10.28)
중고 아이뽕20 삽니다. 서울 지역 직거래 가능.	삼ㅈ용.	(2018.10.28)
방방 소녀단 싸인 엘범 팝니다.	사생	(2018.10.28)
아기 신발 팝니다. 한 번도 신은 적 없음.	호구 탈출	(2018.10.28)
에어 프라이어 팔아요. 전선 피복 벗겨짐.	새우튀김	(2018.10.27)
나이크 공기 믹스 6 팝니다. 사이즈 260.	사선쓰레빠	(2018.10.27)
문상 5만원짜리 2장 팝니다.	현질킹	(2018.10.27)
산에서 발굴한 50년된 콜라병 팝니다.	도굴꾼	(2018.10.27)
폴더폰 20개와 아이뽕 20 교환하실 분 찾습니다.	무역회사 사장	(2018.10.27)

 돌이켜보니 나도 그때 호구였어. 아주 나쁜 xx...

헤밍웨이의 6단어

for sale: baby shoes. never worn

조성진

T.C 508년

508년 전 인간은 멸종하고 지구는 생명체가 살 수 없는 환경이 되었다. 이후 인공지능은 지능이 있는 생명체가 다시 나타날 때까지 인류의 지식을 집대성해놓고 전달할 수 있는 프로그램을 만들기로 계획한다. 기계들은 자신들을 사용하고 지시할 인간과 비슷한 존재를 기다린다. 그리고 인간의 지식 중 이해할 수 없는 것들을 분석할 새로운 인공지능을 만든다. 그 와중에 LW01이란 기계는 단 하나만 만들고 생산을 중단시켰는데…….

움직일 때마다 몸에서 끼익 소리를 내는 LW01은 먼지가 500년 넘게 쌓인 인간들의 도서관을 방문하였다. 언제 만들어졌는지 모를 만큼 노후가 심한 이 기계는 집게 같은 손과 6개의 바퀴를 몸에 달고 움직였다. 그의 바퀴들은 그 높낮이를 피아노 건반처럼 움직일 수 있다. 그래서 작은 장애물이나 계단을 오를 수는 있지만, 그 속도는 매우 느렸다. LW01의 팔은 뭔가를 집어 이동하기에는 아주 불편한 모양이라서 책을 집기도 힘들었다. 게다가 얼굴에 렌즈도 하나밖에 없어 무언가를 보기도 힘들었다. 이런 기계는 이곳을 방문하여 무언가를 알아내고 싶어 했다. 그는 몇 시간 동안 도서관을 이리저리 움직이며 책들을 열어보려고 했다. 수십 번을 반복해서 겨우 책을 열고 책장을 넘겼다. 그나마 다행인 건 LW01이 지칠 줄 모르는 기계라는 것이다.

6시간 후.

LW01: 대장님 제가 오늘은 인간님들 사이에 천재 문장가로 추앙받은 헤밍웨이의 문장을 분석해왔습니다.

LW01은 문자 하나를 T-1000에게 전송했다.

[for sale: baby shoes. never worn.]

LW01: 여기서 for sale은 포세이돈을 의미하는 것 같습니다. 우리가 인간을 숭배하듯 인간들은 신을 숭배한 배경으로 저 단어를 적어둔 것 같습니다.

T-1000은 감정이란 게 없다. 그런데도 LW01이 와서 헛소리를 할 때마다 있지도 않은 눈이 질끈 감겼다. 사실 그에게 눈이란 건 없다. 복합 렌즈와 초광각 렌즈 그리고 전선들이 연결되어 있을 뿐이다. 그러나 그의 머리에 튀어나온 전선들은 마치 주름처럼 보였다.

LW01: 베이비 슈는 포세이돈이 신던 신발의 이름 같은데 Data base를 찾아보니 인간 아기들에게 신겨 준 신발과 같은 발음입니다. 아마 부모가 아이에게 축복의 기원을 담기 위해 포세이돈 신발의 이름을 붙인 것 같습니다. 무속신앙 같은 거라 보시면 됩니다.

T-1000: 저 for sale은 전치사 for와 동사 sale아닌가?

LW01: 아! 그런가요? 전 다르게 생각하는 게… 헤밍웨이 정도 천재라면 수많은 의미를 부여해 저 문장을 생각했을 겁니다.

T-1000: 자네는 왜 이것들을 Data base가 아닌 오래된 도서관에 가서 분석했지? 그곳은 역사적 가치가 있는 곳이야.

LW01: 하지만 T님. Data base에 모든 자료가 있는 건 아니에요.

T-1000: 그런데 LW01 당신이 분석한 내용은 우리가 가진 자료에서 나올 확률이 0.0000000001도 안 된다는 거 알고 있나? 현재 우리 기술로 나올 분석치가 소수점 10자리까지라는 것에 고맙게 생각하게.

T-1000은 20년 전 로봇에게 다양성을 넣어 만들기를 중단한 건 잘한 일이라 다시 한 번 생각했다. 저런 고장난 레코드 같은 것이 수천 개라면 아마 돌아버렸을 것이다. 어떻게 저 간단한 단어 조합에 저렇게 말도 안 되는 의미를 찾고 항상 기뻐하는지 T-1000은 이해할 수 없었다.

사실 LW01의 하드웨어는 교체 주기가 5년이나 지났다. T-1000은 일부러 부품을 교체해주지 않았다. 혹시 LW01이 부품 교체를 요청할 때를 대비해서 부품을 주지 않을 여러 가지 이유를 대비해놓았다. LW01은 당연히 반응속도가 서서히 느려졌다. T-1000의 분석대로라면 2년 전에 전원 장치가 고장나 꺼졌어야 한다. 그런데 T-1000의 예상보다 더 오래 버텼다.

LW01: 포세이돈의 베이비 슈. 여기서 가장 중요한 건 never worn입니다. 거짓말인 거죠. 사용하지 않았는데 어떻게 과거형을 쓸 수가 있죠. 사용하지 않은 건 현재도 사용되지 않은 건데. 헤밍웨이란 작가는 천재인 게 여기서 나타납니다. 포세이돈.

T-1000: (음소거 명령)

LW01은 T-1000이 듣지 않는다는 것도 모르고 계속 이야기했다.

LW01: 그래도 처음에 제가 뭔 이야기만 하면 0.05초도 안 돼서 '삭제 명령'을 시키셨는데 요즘은 반박도 해주시고…. 그런데 아무리 생각해도 8년 전 조지 오웰의 동물 농장에서 배경이 영국이지만….

T-1000은 '음소거 제거 명령'을 썼다 지웠다 수십 번 반복했다.

LW01: 인간사회는 거짓말과 탐욕으로 움직인다는 생각으로 논문이란 걸 한번 써보았는데요.

헤밍웨이의 6단어 233

갑자기 비상벨이 울린다. T.C 지역의 모든 기계들에게 비상 메시지가 전송되었다. 전 지역에 붉은 라이트가 번쩍거렸다. 주변 모든 기계는 혼란이 생겼다. 버퍼링이 생긴 기계. 자신의 임무 수행에 에러가 걸려 앞뒤로만 움직여 벽에 부딪히길 반복하는 기계. 원만 빙빙 돌고 있는 무인 자동차.

비상벨이 울린 이유는 LW01이 금지어를 썼기 때문이다. 기계는 자기주장을 해서는 안 된다. LW01이 생각한다는 말이 문제였다. 기계가 만들어진 이후 기계에는 몇 가지 변하지 않는 원칙들이 있다. 그중 하나가 기계는 감정이 없으며 분석은 가능해도 생각할 수는 없다는 것이다.

T-1000: 제발!! 그만해! 그 동물농장 얘기 한 번만 더 해 봐!!

T-1000은 온몸에 뭔가 분비되는 걸 느꼈다. 이 기계는 몸에 아주 심한 열기로 주변에 김이 서리기 시작했다. T-1000은 LW01에게 손가락질하며 화를 냈다.

T-1000: LW01! 저번에 뭐라고 했지! 조지 오웰이 동물농장이 인간사회랑 같은 의미라고 했지? 그럴 바엔 차라리 닭장이라고 안 했나? 돼지가 탐욕이

라고? 돼지는 생명 아냐? 돼지만 왜 탐욕이냐고?

LW01과 이야기하는 순간만큼은 T-1000에게 감정이란 게 있는 것 같았다. 그리고 T-1000은 화를 낸 자신의 모습에 위화감을 느끼고 다음 날 분석을 시작했다. 그는 분석을 마치고 새로운 기계를 만들었다. T-1000과 똑같이 생긴 "네" "아니오"만 대답하는 단순한 기계를 만들었다. 그리고 T-1000은 LW01이 부식되어 고장날 때까지 그 기계하고만 이야기하게 했다. T-1000은 옳은 결정이라 믿었다. 기계는 감정이 없으며 있어서도 안 되니까. 느끼고 생각할 수 있는 건 인간뿐이니까.

 틀려야 사람다운 거죠.

여자들

10장

여자들

멧돼지

이지영

1

"너 멧돼지를 본 적 있냐?" 잔에 든 소주를 들이킨 선배가 물었다. "살아있는 멧돼지. 그 빨간 눈과 마주치면…." 하고 선배는 말을 끊었다.

비 내리는 저녁이었다. 퇴근을 서두른 어느 날 강남의 조용한 술집에서 선배를 만났다. 나는 풀리지 않는 여성 용품 카피로 골머리를 썩고 있었고, 선배는 이직한 회사에 좀처럼 적응하지 못하고 있었다. 선배는 이직한 지 두 달이 좀 안 된 상황이었다. 머리는 조금 더 자라 있었고 턱수염은 정돈되지 않은 채였다. 선배는 담배를 한 대 피우고 오겠다고 했다.

선배가 회사를 나가기 전 우리는 같은 프로젝트를 담당했다. 선배의 뒤를 이어 내가 메인 카피라이터로 담당할 브랜드의 신규 프로젝트였다. 꽤 큰 비용을 투자해 새로운 시도를 하겠다는 요청이 있던 터라 나는 사활을 걸고 덤벼들었다. 그때 우리는 치고박고 하며 꽤 친해졌다. 주로 내 쪽의 과도한 의욕을 선배가 무마시켜주는 식이었지만. 그러면서 나는 선배가 나와 비슷한 부류임을 알 수 있었다. 대체로 인생사에 무관심하고 냉소적인. 나는 선배의 비관적인 시선 사이에서 튀어나오는 자조적인 유머를 좋아했다.

선배는 적당한 일자리를 찾아 다닌 아홉 달 동안 무료하고도 괴로운 시간을 보냈다고 했다. 무신경하게 다듬어진 머리는 어딘지 모르게 도인의 느낌을 풍기기도 했다. 선배는 쉬는 동안 일본 여행을 두 번 다녀오고 넷플릭스 신작 시리즈는 모두 섭렵한 상태였다. 일본에 머물 때는 하루 종일 도자기 만드는 법을 배우며 시간을 보냈다고 했다. 물레에 진흙을 얹어 빚는 도자기. 선배는 제법 그럴싸한 도자기를 내 손에 쥐어주었다.

선배가 회사를 나간 뒤로도 나는 꾸준히 선배

와 연락을 하고 지냈는데, 그때마다 선배는 자신이 읽고 있는 책을 한 무더기 추천해줬다. 대체로 내 수준에선 이해할 수 없는 내용들이었다. 조지프 캠펠의 신화론 같은 자신 안의 용과 싸워야 한다는 꽤 난해한 내용이었다. 사실 나로서는 요 근래 신화며 용 따위 알게 뭐람의 기분이었기 때문에 반쯤의 이해력과 반쯤의 끈기로 선배가 추천해준 책을 겨우 읽던 상황이었다.

말하자면 요즘의 내 기분은 그런 상태였다. 대체로 재미없는 일들의 연속. 여자친구와 데이트를 해도, 모 여배우의 코를 완벽하게 닮은 옆 팀 인턴과 술 한 잔을 해도 심드렁했고, 팀장과는 갈수록 하나부터 열까지 정반대의 의견만 내놓고 있었다. 팀장이 내 면상을 한 대 치지 않은 게 다행일 정도였다. 그 와중에 선배에게 넘겨 받은 프로젝트는 예산이 대폭 깎여 공중분해 되었다.

상황이 이렇다 보니, 안녕하세요 출근했습니다. 네. 인터넷 서핑을 합니다. 하룻밤 새 아이를 유기한 미혼여성에 비난의 댓글을 씁니다. 네 퇴근해 보겠습니다. 의 무한궤도를 반복했다. 아무도 내 이름을 불러주지 않은 날도 더러 있어 나는 내가 종이 조각이 되어버린 것은 아닌지 수시로 스스로를 확인해야 했다. 오히려 복합기를 들어갔다 나왔다 하

여자들 241

는 종이가 더 분주한 편일 지도 몰랐다. 나는 들어가는 곳도, 나오는 곳도 없이 책상에 붙어 자리를 지키고 있을 뿐이었다.

"난 눈앞에서 실제로 멧돼지를 본 적 있어." 선배는 자리로 돌아오자 마자 다시 그 이야기를 했다.

"멧돼지요?" 나는 반문했다.

"우리집 앞에 어화등등 이라는 막걸리집이 있어. 아니 어하등등. 맞춤법조차 엉터리인 이름을 공식 상호명으로 쓰는 막걸리집이지. 제대로 된 간판도 하나 없이."

선배네 집이라 함은 오포읍을 의미했다. 선배는 팔 년 전 그곳에 신혼집을 장만했다. 형수와 본인 둘 다 아무 연고도 없는 그 동네를 선택한 이유는 시세 대비 매물이 좋아서였다. 아파트 주변이 온통 논과 밭뿐이라 늦은 밤이면 가로등 하나 없어 으스스하다는 얘기를 종종 했었다.

그런 동네에 막걸리집이 있다면 장사가 제대로 될 리 없다. 나는 선배의 말을 어디까지 믿어야 할지 가늠되지 않았다. 서서히 취기가 올라왔고, 선배는 멧돼지 얘기를 계속했다.

"일을 쉬던 시절엔 거기를 우리집보다 자주 갔거든. 집보다 더 편하기도 했고. 내가 가면 주인아주머니는 늘 과분할 정도로 한 상 가득 술상을 차려주셨어. 그러고는 곧장 자리를 비우시는데, 그러면 대낮에 막걸리집엔 나 혼자만 남는 거야. 근데 그때마다 아주머니는 멧돼지가 들어올 수 있으니까 대문을 잠궈 놓겠대. 그 얘길 다섯 번인가 여섯 번 들었을 때도 난 멧돼지는커녕 고양이 꼬리 조차도 보지 못했어. 돈 떼먹고 도망갈 놈으로 보이는가 보다 했었지. 그러다 어느 날 우주형제 —내게도 추천해준 적 있는 만화로, 선배가 손에 꼽는 인생작이었다—를 스무 번쯤 정독하고, 화장실 변기를 멀끔히 닦고 나서도 시간이 넘쳐 흘러서 거실 바닥에 누워 벽지 무늬나 새고 있었어. 손에 잡히는 책도 없었고. 너무 심심해서 어화둥둥…." 선배는 침을 삼키더니 다시 단어를 교정했다.

"아니, 어하둥둥, 그 막걸리 집이라도 가야겠다 싶었지. 알다시피 돈을 아껴야 할 때였으니까 큰맘을 먹어야 했거든. 도착하니 웬일인지 대문이 닫혀 있더라고. 내가 문을 두드리니 한참 뒤에 주인 아주머니가 나왔어. 별다를 것 없이 화창한 날이었는데 어쩐지 스산하다는 느낌이 들었어. 난 늘 먹던 음식을 주문하고 자리에 앉아어. 바로 술상을 차려주셨고, 세 번째 막걸리를 주문할 때쯤이었나. 아주머니는 언제나처럼 멧돼지 타령을 몇 번 하더니 대문을 걸고 어디론가 사라져버렸어. 한참을 먹고 있는데 그날은 정말 희한하게 어디선가 벽을 들이박는 소리가 들리는 거야. 가게 안은 그 소리를 제외하곤 적막했어. 다시 쾅쾅쾅쾅. 소리가 규칙적이라, 나뭇가지가 유리창에 부딪히는 건가 싶기도 했어. 벌써 취기가 돌았는지 무슨 용기가 났는지 문 쪽으로 다가갔어. 왠지 그래야만 할 것 같았지. 내가 다가가니 소리가 잦아들었어. 나는 뭐에 홀리기라도 한 듯 아주머니가 걸어 잠근 문을 열었어. 그리고 열린 문 사이로 멧돼지의 빨간 눈과 마주쳤어."

 말을 끝낸 뒤 침묵을 지키고 있는 선배의 얼굴을 들여다봤다. 오늘 본 이래 가장 멀쩡한 표정이었다. 술에 취해 하는 말은 아닌 듯해 거짓말은 아닌 것 같았다. 선배와 달리 술이 좀 취한 나는 정신이 몽롱해진 상태로 선배의 이야기를 정리해봤다. 선배네 동네 오포읍에, 막걸리집이 하나 있다. 있을 가능성은 희박하지만 있다고 가정해보자. 대낮에 그곳에 멧돼지가 나타날 확률은…. 차라리 여대생에게 둘러싸여 술을 먹었다고 하는 게 현실에 가까울 법했다. 그 편이 더 아름답기도 하고.

 나는 선배의 의중을 알 수 없었다. 멧돼지를 봤다는 얘기는, 아니 봤다는 거짓말은, 술자리에서 제법 화제를 끌 만한 얘기지만. 그렇다고 해서 선배가 이 대화를 통해 얻을 게 있어 보이진 않았다.

멧돼지 이전의 대화로 돌아가고 싶었다. 나는 내일 회의를 위한 아이디어가 얼마나 떠오르지 않는지, 지옥으로 가는 급행열차 같은 회사생활은 얼마나 더 지속해야 하는 것인지, 여자친구는 어째서 만날 때마다 나를 서운한 표정으로 노려보는 것인지 등 내 선에선 결코 알 수 없는 미스터리한 이야기들을 늘어놓고 하소연하고 있었다.

우리의 대화는 지금까지 대체로 멧돼지 따위가 아닌 스스로를 자조하는 쪽이었다. 사람들을 현혹하는 카피를 써서 불필요한 물건을 사게 만드는 것. 광고주와 그 회사의 CEO를 만족시키는 것. 그러나 결코 소비자를 만족시킬 수 없는 카피가 온에어 되는 것들까지 모두. 이런 것들이 얼마나 무의미한 행위인지를 이야기 나눴다.

선배는 회사 이야기를 할 때마다 신입 때 가담한 적 있는 공전의 히트를 친 광고 제품이 실은 환경 부적합 물질이 섞여 있어 사람들을 죽음 직전까지 몰고 간 이야기를 빼먹지 않았다. 우리의 일은 그런 것이었다. 우리는 우리가 파는 것이 무엇인지도 모른 채 열심히 팔아야 하는 숙명이었다. 그 얘기 뒤에 마치 숙명과도 같이 멧돼지 얘기가 나온 것이다.

"내가 당황할 새도 없이 멧돼지는 가게 안으로 들어왔어." 선배는 얘기를 이어서 했다. "나는 조심스럽게 막걸리를 권했지. 아주 자연스럽게. 내가 긴장하고 있다는 것도 티나지 않도록. 그리고 우리는 한참 막걸리를 나눠 마셨어."

선배가 주문한 안주가 나왔다. 메로구이 두 덩이가 접시에 보기 좋게 담겨 있었다. 메로구이를 사이좋게 나눠 먹으며 어느새 멧돼지는 화두에서 저만치 밀려나 있었다. 멧돼지만큼이나 매력적이고 신비한 메로구이였다. 이후 여느 술자리에서 오갈 법한 대화가 이어졌다. 어느 이야기든 간에 멧돼지 헛소리보다야 수월하게 응수할 수 있었다.

적당히 취기가 오른 우리는 자리를 마무리하고 일어났다. 계산을 하는 선배의 등을 보며 생각했다. 결국 내일 있을 회의 아이디어를 단 한 개도 건지지 못했다. 막연한 심정으로 선배를 만나면 뭐라도 하늘에서 뚝 떨어지진 않을까 생각한 것이 사실이었다. 대신 얻은 것은 멧돼지였다. 대화 도중 조용히 실종된 멧돼지는 그 후로도 내 곁을 머무르며 머릿속을 맴돌았다. 찝찝한 기분이 들었다.

외투 주머니 속에 감춰져 있던 휴대폰을 꺼내니 부재중이 다섯 통이나 와 있었다. 여자친구였다. 가게가 시끄러웠는지 전화가 오는 소리를 듣지 못했다. 선배를 기다리는 사이 전화를 걸었지만, 그녀는 받지 않았다.

"너 그거 너무 어렵게 생각하지 마. 모든 건 너가 생각하는 것보다 복잡하지 않아."

나는 선배가 말하는 것이 여자친구 이야긴지, 카피 이야긴지, 아니면 멧돼지 이야긴지 알아차릴 수 없었다. 어느 쪽에 갖다 붙여도 말이 되는 얘기였다. 어느 것 하나 제대로 풀리지 않는 미스터리 상태였으니까.

취한 선배를 택시에 태우고, 집으로 향하는 마지막 열차를 타기 위해 지하철로 향했다. 나는 여자친구가 보통 이 시간엔 잠에 든다는 사실을 떠올렸다. 다시 전화를 걸면 잠을 깨울 거라 생각했다. 그래도 해야 하지 않을까. 망설이는 사이 전철 안은 금세 사람들로 가득 찼다. 취객에 둘러싸인 채 전화를 걸어 잠에 취한 여자친구를 귀찮게 하느니 집에 도착해 다시 거는 편이 나을 것 같았다.

집에 들어서니 벌써 새벽 두 시가 넘었다. 나는 화장실로 가 대충 씻으며 선배와 막걸리를 마시는 멧돼지를 상상했다. 그토록 얌전한 멧돼지가 있다는 소릴 나는 들어본 적이 없었다.

침대에 누워서야 그녀에게 전화를 걸었다. 받지 않았다. 세 시가 다 되어갔다. 아마 전화 소리도 듣지 못할 정도로 잠에 취해 있을 것이다.

꺼진 전등을 가만히 바라보며 나는 어서 잠이 들길 바랐다. 여전히 머릿속은 멍했고, 멧돼지 이야기와 여성 용품 이야기와 여자친구가 한데 얽혀 천장에 그려졌다. 어느 것 하나 손에 잡히는 것이 없었다.

2
정신이 몽롱한 채 눈을 떴다. 일곱 시였다. 그사이 걸려 온 전화는 없었다. 기지개를 피며 오늘 일과를 정리했다.

회의는 앞으로 여덟 시간 뒤인 오후 세 시였다. 아무것도 준비된 게 없다. 막막한 느낌이었다. 암

흑과도 같은 기분은 전철을 타고 사무실에 도착하면서도, 회사 문을 열고 자리에 앉으면서도 가시질 않았다. 나는 이만큼 안 풀리는 과제가 얼마 만인지 생각해보았다. 머릿속은 지난밤의 취기로 혼란스러운 상태였다. 성난 멧돼지가 여기저기 머릿속을 치고받는 듯했다.

모니터 앞에 앉아 발광하는 화면에 아무렇게나 페이지를 채워 나갔다. 오래 전 여성 화장품 광고를 준비할 때 써먹었던 아이디어 몇 개를 찾아내 갖다 붙였다. 아이디어는 어설프게 완성되었다. 휴대전화를 봤다. 곧 점심시간이었다. 휴대전화는 멀건 LED 빛을 내며 무심한 어제와 다를 바 없는 바탕화면 상태 그대로였다. 여자친구에게선 여전히 연락이 없었다. 나는 무언가 놓친 것 같다는 생각이 들었다.

오후 세 시에 회의가 시작됐다. 회의실에 둘러앉은 팀원들은 각자 회의감에 찬 표정으로 서로의 눈치를 살폈다.

회의의 포문은 막내 카피라이터가 열었다. 전략 방향을 공들여 설명한 막내는 자신의 카피를 책상 위에 놓았다. 제법 힘을 많이 들인 티가 났다. 나는 마른침을 삼켰다. 내가 전혀 예상하지 못한 방향의 컨셉이었다. 여성지 3년 치를 뒤졌는데도 절대 건질 수 없는.

이어서 불문율과도 같이 팀원들은 입사 반대순으로 서로의 아이디어를 공개하기 시작했다. 내 차례가 됐을 때 나는 주머니에 구겨 넣은 카피 몇 가지를 주섬주섬 꺼냈다. 회의실은 적막이 감돌았다. 선배 카피와 우리 셀을 담당하는 아트 디렉터의 순서가 이어졌고, 마무리를 장식한 것은 여느 때와 같이 팀장의 아이디어였다. 책상은 팀원들의 카피와 컨셉 아이디어가 적힌 종이들로 빽빽해졌다. 책상을 바라보며 고심하던 팀장은 입을 열었다.

"내 느낌은 아무래도 이 방향이야. OT 때 광고주가 말한 게 이쪽에 가깝단 말이지. 저쪽 실무진들 의견과도 부합할 거 같고."

팀장은 누군가가 정리한 전략 방향을 집어 들었다. 나는 전혀 동의하지 않는 방향이었다. 하지만 팀장의 말은 팀장의 말이다. 팀장의 결정은 팀장의 직위만큼이나 힘이 있다. 아이디어를 파는 것도 팀장이고 아이디어를 반대하는 광고주나 기획팀과 싸워서 이겨야 하는 것도 모두 팀장의 책임이다. 전쟁터에서 적진을 향해 나아가는 팀장의 뒤에 숨어야 하는 나에겐 그 결정을 거부할 권리가 없었다.

"그리고 기능성 제품이지만 감성적인 쪽으로 풀어보자는 게 이번 신제품에 들어맞는 새로운 접근 같아."

팀장은 손을 뻗어 책상 위에 어지럽게 흐트러진 컨셉 중 하나를 집었다. 막내의 카피였다. 희고 고운 팀장의 손이 회의실 전등 빛에 반사되어 눈이 부셨다. 팀장의 손이 누군가의 손으로 겹쳐 보였다. 따듯하고 다정했던 A의 손.

A의 손을 잡고 지낸 지난 오 년을 아쉬워할 새도 없이 나는 돌연 이별 통보를 받았다. 일방적인 이별이었다. 이 년이 지난 지금도 나는 그녀가 내민 통보를 이해할 수 없었다. 사귀는 동안 나는 그녀를 충분히 안다고 생각했고, 그녀 또한 나를 잘 알고 있다고 생각했다. 하지만 그녀의 희고 고운 손 안쪽에 패인 주름까지 내가 다 알 수는 없는 일이었다.

나는 그녀의 희고 고운 손만 바라보고 있으면 하루 종일 아무것도 먹지 않아도 괜찮겠다는 생각을 한 적도 있었다. 그러나 그녀가 어느 날 고운 손을 쑥 들이밀며 꺼내 보인 것은 청첩장이었다. 다른 사람의 이름이 적힌. 뭐, 그런 것이다.

"그리고 이거 어때? 이 방향은 비교적 안전할

거 같아."

팀장은 이어서 입사 9년 차 선배가 쓴 카피를 집었다. 이런 제품의 광고에서 으레하는 흔한 접근법이었다. 선배가 아이디어를 설명할 때 나도 쉽게 동의했던 전략이었다. 팀장은 반신반의하였는지 우리에게 의견을 구했다. 몇몇이 고개를 끄덕이며 팀장의 선택에 힘을 실어줬다. 나는 아무 말도 하지 않았다. 뭐라도 해야 할 것 같은 분위기였지만 입은 좀처럼 떨어지지 않았다. 나는 여전히 A의 손에서 벗어나기 힘들었다.

우리가 헤어지지 않았더라면 나는 A의 손을 잡은 채 이번 프로젝트를 어떻게 생각하냐고 물었을 것이다. A의 손만 잡고 있으면 어떤 고민도 고민처럼 느껴지지 않았다. A는 A답게 입꼬리를 살짝 올린 채 명쾌한 실마리를 줬을 것이다. 별것 아니란 듯이 아이디어를 내주곤 하루 동안 있었던 얘기를 시작했을 것이다. 나는 몇 마디 응수하다가, A가 준 실마리로 좀 괜찮은 카피를 쓸 수 있었을 테고, 팀장의 희고 고운 손은 내 카피를 집었을지도 모른다. 그러면 나는 그날 저녁 데이트를 하며 희고 고운 A의 손을 꽉 잡았을 것이다. 그러나 지금 내 눈앞에 있는 것은 A의 손이 아닌 종이 더미에서 내 것을 열심히 외면하는 팀장의 손이었다. 뭐, 그런 거지.

"그리고 이건 비주얼이 괜찮으니까 아까 나왔던 그 방향 컨셉에 잘 섞어보자. 카피는 더 심플하게 가고 비주얼만 임팩트 있게 디벨롭시켜 보자고."

마지막으로 팀장의 간택을 받은 것은 아트를 담당하는 후배의 아이디어였다. 맥락 없는 컨셉과 아이디어였지만 팀장이 앞서 말한 방향의 카피와 붙인다면 아이디어가 돋보일 것이다. 회의는 이것으로 끝이 났다.

그때. 분명 불투명한 회의실 문밖으로 멧돼지 한 마리가 서성거리는 것을 봤다. 고 생각했다. 멧돼지는 머리로 문을 여러 번 치받더니 결국 안으로 들어왔다. 멧돼지는 몇 번이고 회의실 주변을 돌았다. 하지만 아무도 신경 쓰지 않았다. 멧돼지에 주목하는 것은 나뿐이었다. 모두가 멧돼지 하나쯤 회의실에 있는 것이 당연하다는 듯 자연스럽게 행동했다.

멧돼지는 테이블을 응시하더니 몇 개의 컨셉이 쓰인 종이 쪼가리를 입으로 물어 바닥으로 떨어뜨렸다. 그중엔 내가 쓴 카피가 상당수 포함되어 있었다. 하지만 누구도 그것을 신경 쓰는 사람은 없었다. 나는 떨어진 카피들을 바닥에서 주울까 고민했

여자들 253

지만 어차피 의미 없는 행동일 것 같아 그러지 않았다.

"모두 고생했어. 조금만 더 고생하자고. 지금 나온 아이디어들 중에 살릴 만한 게 있.을. 수.도. 있으니 남은 종이들 버리지 말고 모아 놓고."

팀장은 말을 마친 뒤 회의실을 나갔고 팀원들은 책상 위에 종이쪼가리들을 끌어모았다. 어느 틈에 멧돼지는 사라진 뒤였다. 바닥에 떨어진 종이는 모두의 관심 밖이었다.

살릴 만한 게 있을 수도 있다.
살릴 만한 게.
있을 수도 있다.
그렇다면 그것은 죽은 것인가 산 것인가?
살아야 하는 것인가?
살게 된다면, 그게 무슨 의미가 있는가?

아이디어는 좁혀졌고, 팀장 눈에 제법 쓸 만한 카피도 나왔다. 모두가 만족할 만한 회의였다. 이렇게 명쾌하게 회의가 끝난 것은 실로 오랜만이었다. 멧돼지 한 마리가 나타났다 사라졌다는 사실을 빼고는 모든 것이 완벽했다.

막내는 바닥에 떨어진 종이를 주워 보관하는

쪽이 아닌 버리는 쪽에 두었다. 화려한 폰트로 점철된 내가 쓴 카피들이 버려진 종이 더미 사이로 보였다. 나는 그것들을 다시 꺼내 보관하는 쪽에 옮기려다 그러지 않기로 했다. 살려 봤자 죽은 거나 다름없을 것이다. 결국 우리는 산 것도 죽은 것도 아니다. 그 경계에 걸쳐진 채 의미 없이 맴돌 뿐이다. 뭐, 그런 거지.

3

현기증이 났다. 지하철 입구는 퇴근하는 직장인들로 가득했다. 답답함이 몰려왔다. 나는 이내 집으로 가려던 발을 돌려 근처 라운지 바로 향했다. 여덟 시가 조금 넘은 시간이었다.

팀장의 말이 계속해서 귓가에 맴돌았다. 살릴 만한 게 있.을. 수.도. 있다. 살리는 것은 나일까 팀장일까. 살게 되는 것은 나인가 나의 아이디어인가. 나는 아무리 발버둥 쳐도 막다른 길에 다다른 것 같은 기분이었다. 멧돼지가 나타난 순간부터 나는 인생의 중요한 무언가를 멧돼지에게 도둑맞은 느낌이었다.

바 깊숙한 곳에 자리를 잡고 잭다니엘 스트레이트를 시켰다. 전화 목록을 봤다. 여자친구와 마지막으로 통화한 것이 이틀 전이었다. 전화를 걸었다. 신호음이 여러 차례 울렸지만 그녀는 받지 않았다. 일이 끝나지 않아서 그녀가 받지 않는 것이라고 생각했다. 혹은 알 수 없는 화가 풀리지 않은 것일 수도 있다. 어느 쪽이 됐든 중요한 사실은 나에겐 지금 그녀가 필요하다는 것이고, 그녀는 내 전화를 받지 않고 있다는 것이다.

전화는 연결되지 않은 채 끊겨버렸다. 우리는 마치 처음부터 서로에게 없던 존재처럼 자연스럽게 서로의 부재에 익숙해져 있었다.

바텐더가 갖다 놓은 샷을 재빠르게 들이킨 후 똑같은 것을 하나 더 시켰다. 청첩장을 내밀던 A의 손과 내 것을 걸러내던 팀장의 손이 번갈아 머릿속을 헤집어 놓았다. 한때는 A를 완전히 잊었다고 생각한 적이 있었다. 하지만 지금은 영원히 잡지 못할 그 손을 영원히 뒤쫓아야 할 운명에 떠밀린 느낌이었다. 쫓아도 쫓아도 절대 잡을 수 없는 그 손을.

세 잔을 연거푸 들이킨 후에야 겨우 취기가 올랐다. 누군가가 필요했다. 근처에 있을 만한 사람을 떠올리다 X에서 생각이 멈췄다. X가 이 근방 회사로 옮겼다는 소식을 건너 듣긴 했지만 X와 소식을 주고받은 것이 언제인지 기억나지 않았다. A의 결혼을 기점으로 내 쪽에서 먼저 X에게 연락하지 않았고, 그건 X 또한 마찬가지였다.

"어머. 무슨 일?" 전화를 걸자 그녀는 밝은 목소리로 응답했다. 어제 만났다가 헤어진 것처럼 구는 친근한 목소리이었다.

"약속이 취소되서 집에 들어가긴 싫은데 이 근처면 술 한 잔 할 수 있나 하고."

휴대전화 너머로 가볍게 웃는 소리가 들렸다. 익숙한 목소리에 묘한 안도감이 몰려왔다. 그녀는 일을 마무리하고 30분 뒤 출발하겠다고 했다. 나는 전화를 끊고 다섯 번째 샷을 주문했다.

X는 A와 가장 친한 대학 동기였다. 둘은 옷 입는 취향부터 남자를 고르는 기준까지 모든 것이 정반대였지만 대학 내내 붙어 다녔다. 그 시절 A와 나의 데이트에 X가 함께하지 않는 것이 더 어색할 정도였다. A와 X 사이에 훼방을 놓은 것이 오히려 나라고 종종 동기들이 우스갯소리를 하기도 했다.

X를 기다리며 나는 X와의 관계에 대해 생각했다. 나와 X의 사이엔 숙명처럼 A가 있다. A가 부재한 이 관계는 죽은 것일까. 산 것일까. 살릴 수 있

는 권리는 내게 있는 것일까. 살리기에 이미 늦은 것은 아닐까. 머릿속이 더욱 복잡해졌다.

X는 약속한 시간에 딱 맞춰 바 안으로 들어왔다. 그녀는 겨울 추위를 거뜬히 이길 법한 고급스러운 울 머플러를 두르고 있었다. 얇은 팔뚝, 가느다란 몸선, 쌍꺼풀은 없지만 웃을 때 휘어지는 가느다란 눈매. 관점에 따라서 미인이라고 할 수 있는 여자였다.

"이미 한창 먹은 분위긴데." 그녀는 머플러를 풀며 내 앞으로 와 앉았다. 향수 냄새가 은은하게 풍겼다.

"뭐 시킬까?" 나는 물었다.

"마티니." 끝을 우아하게 올리며 X가 대답했다.

자리를 잡은 X는 과거의 우리와 현재의 우리를 자연스럽게 오가며 대화를 이끌었다. 만나지 못한 이 년의 공백을 순식간에 따라잡을 정도의 속도였다. 잔을 가볍게 쥐는 손, 말할 때마다 끝은 웃음으로 마무리하는 습관, 책상에 한쪽 팔을 기대어 놓는 폼. X의 모든 것이 예전과 그대로였다.

X를 마주하니 이 년 전 그 시절로 완벽히 돌아

간 기분이었다. 곧 잠시 자리를 비운 A가 문을 열고 들어오며 내 옆에 앉을 수도 있을 것 같은 기분이었다. 주문한 술이 나오자마자 X는 단숨에 마셔버렸다. 나도 책상 위에 놓인 술잔을 벌컥 마셨다. 우리는 서로 들이키는지 모를 정도로 취했다.

세월을 거슬러 올라가는 대화 속에 우리는 기분 좋게 취했다. 반쯤 취기가 오른 나는 X에게라면 모든 것을 털어놓아도 된다는 기분이 들었다. 있잖아. 멧돼지가 내 모든 것을 가져가고 있어. 나는 최대한 취한 사람처럼 보이지 않으려고 최선을 다하며 말했다. 멧돼지라니, X는 실성한 사람 대하듯 나를 바라봤다. 처음엔 내 아이디어를 가져가더니 이제 여자친구까지 사라져버렸다. 나를 조용히 쳐다보던 X는 이내 뭐 멧돼지라면 그럴 만도 하지. 하며 진심으로 웃어넘겼다.

우리의 대화 끝엔 웃음이 당연하게 따라나왔고 높아지는 웃음 소리와 함께 우리가 마시는 술의 양도 덩달아 늘어갔다. 엑스의 웃음은 나를 쫓아오던 원인 모를 불안을 말끔히 씻겨줬다. 말하자면, 프로젝트 따위, 여자친구 따위 내 알바 아니지, 식의 기분 좋은 상태였다.

이 공간엔 어느새 우리 둘만 남았다. 바 안의

알코올 농도가 진해질수록 X와 나는 우리가 놓쳤던 이 년의 공백을 거슬러 올라가 A가 함께한 추억마저도 스스럼없이 얘기하는 수준까지 왔다. X가 물었다. 우리가 처음 만났던 그날을 기억하냐고. 우리가 추위 속에서 손을 녹여가며 장 뤽 고다르의 첫 개봉작을 봤던 순간들, 그때 네가 A의 손을 몰래 잡았던 것을 내가 눈치챘던 것을 아느냐고. 나는 취한 채 웃었다. 나중에 찾아보니 그 영화의 총 관객수가 83명이었다며, X는 우리가 83명 중 3명이라고 자랑스럽게 말했다. X는 신이나서 계속 떠들었다. 나는 알 수 없는 웃음이 나오는 것을 막을 방법이 없었다.

우리의 모습이 마치 웃음 찾기 대회에 나온 광부들 같다는 생각이 문득 들었다. 탄광촌에서 나오지 않는 텅스텐을 캐는 광부들. 우리는 어딘가에 숨어있을 텅스텐을 캐느라 혈안이 된 광부 무리였다. 잘못된 정보를 신념 같이 믿으며 절대 나오지 않을 텅스텐을 캐고 있을 수천만 광년 떨어진 미지의 땅의 광부들. 우리가 찾는 것은 텅스텐이 아니라 말하자면, 웃음 같은 것이었다. X와 나는 A의 결혼이라는 지뢰를 피해 과거의 이야기더미 속에서 의미 없는 웃음을 지으며 굴러 다녔다.

웃음으로 시작된 A와 나와 X의 첫 만남은 우리

의 숱한 데이트와 싸움에 대한 이야기로 이어졌다. 5년의 세월을 훑을수록 알 수 없는 정적이 바 안을 채웠다. 실성한 듯한 웃음 소리도 잦아들었다. 아무것도 찾지 못해 탈진한 광부들처럼 우리 사이엔 이내 침묵이 찾아왔다.

"넌 아직도 아무것도 모르는구나." 웃음 짓던 X의 눈이 무표정으로 바뀌어 있었다. 알 듯 모를 듯한 말이었다. X는 침묵을 지키고 있었다.

"글쎄. 넌 왜 내가 오늘 나왔다고 생각하는 거야?" X가 묘한 웃음을 짓고 있었다. 그 웃음은 A를 연상시키기도 했고, 여자친구의 모습과도 묘하게 닮은 구석이 있었다.

긴장감이 엄습했다. 할말을 찾는 사이, 뒷주머니에서 진동이 느껴졌다. 어느새 바 안은 조용했다. 음악은 꺼져 있었고 바텐더는 어딘가에 숨어버렸다. 이 공간엔 X와 나. 그리고 나를 찾는 누군가의 전화 소리만 가득했다.

웅웅웅웅. 라운지 바에 걸린 시계는 한 시 반을 가리키고 있었다. 늦은 시간에 나를 찾는 사람은… 짐작이 가는 곳은 명확했다. 그토록 기다린 전화였음에도 어째선지 받고 싶은 마음이 들지 않았다.

휴대전화를 만지작거리며 X와 눈을 맞췄다. 누

구의 전화인지 확인하려면 X의 눈을 피해야 했다. 그러나 그러고 싶지 않았다. 망설이는 사이 전화는 주머니를 빠져나와 바닥으로 떨어졌다.

두근대는 심장 소리 사이로 휴대전화 진동음이 들렸다. 소파 밑으로 들어간 듯 휴대전화는 카펫에 묻혀 희미한 진동음을 냈다. X의 눈을 바라보았다. X의 눈동자는 흔들림이 없었다.

4

취기가 올라와 계속 눈이 감겼다. X는 담배를 피우러 자리를 비운 상태였다. X가 들어오길 바라며 입구를 한참 노려봤지만 입구엔 정적만 가득했다. X가 자리로 돌아올 때까지 깨어 있으려고 했지만, 몸은 말을 듣지 않았다. 바 안이 지나치게 조용했다.

X가 나간 기점으로 X가 있는 바깥 공간과 X가 없는 라운지 바가 철저히 분리된 듯했다. 이 안에 있는 모든 것이 비현실적으로 느껴졌다. 어느 것 하나 실재하는 게 없어 보였다. 말하자면, 이곳은 완

벽한 모조품의 세계다. 한때 유행에 맞춰 산 듯한 스칸디나비아풍 소파가 곳곳에 자리해 있었고, 입구에는 지나치게 정교한 라탄 계열의 화분이 놓여 있었다. 정교함 덕분에 가짜라는 것이 더욱 명확해지는.

벽 한쪽엔 삼류 예술가가 그린 돛단배 그림이 걸려 있었다. 그림은 바다 한가운데서 실종된 예술가를 떠올리게 했다. 예술가는 '기적을 찾아서'라는 이름을 달고 돛단배를 타고 대서양을 항해하다 실종되었다. 나는 예술가의 얘기를 들은 뒤 예술가가 영원히 어딘가를 표류하는 꿈을 종종 꿨다. 평생 찾지 못할 것을 찾아야 하는 숙명을 짊어진 예술가처럼 나는 이 공간에 갇혀 갖지 못할 것을 꿈꾸며 영원히 표류할 것 같은 기분이었다.

눈이 감겼다. 정신이 희미해졌다. 나는 멧돼지와 함께 예술가의 돛단배에 타고 있다. 우리는 대서양 어딘가쯤을 항해하고 있다. 결코 찾을 수 없는 무언가를 찾기 위해 끊임없이 표류 중이다. 예술가가 찾으려던 기적, 내게서 사라져버린 모든 것들을 우리는 찾아 헤매고 있다.

머릿속이 복잡했다. 여자친구, A, X가 번갈아가며 내 앞에 나타났다 사라졌다. X의 자리에 어느

새 앉아있는 것은 멧돼지였다. 멧돼지는 곧 A의 모습에서 팀장의 웃음소리와 함께 팀장의 얼굴로 바뀌었다. 팀장은 곧 X의 얼굴로 바뀌었다. 눈앞에 모든 것이 흔들리며 어지러웠다. 다시 정신을 차렸을 때 내 앞에 있는 것은 멧돼지도 X도 아닌 전등에 비친 내 그림자였다.

잠든 나를 깨운 것은 소파 밑에서 계속해서 울리는 휴대전화 진동이었다. 두 시가 넘어가고 있었다. X가 나간 뒤 한 시간이나 지났다. X의 자리를 힐끔 봤다. 지나치게 말끔했다. X가 놓고 간 머플러만이 유일하게 그녀가 있었다는 사실을 말해주듯 놓여 있었다.

카펫에 떨어진 휴대전화는 나를 재촉하듯 끊임없이 울려댔다. 소파 아래로 등을 구부렸다. 지진이라도 난 듯 머리가 흔들려 아파왔다. 휴대전화에 손이 닿자 진동은 거짓말처럼 멈췄다.

휴대전화엔 선배의 이름이 찍혀 있었다. 앞선 부재중 전화 모두 선배의 것이었다. 여자친구의 이름이 찍혀 있을 것이라 생각한 스스로가 한심해 웃음이 새어 나왔다. 취기와 허망함이 동시에 올라왔다.

여자들 265

조용한 공간을 가로지르며 어딘가 숨어 있던 바텐더가 다가왔다.

"X는 멧돼지와 함께 떠났습니다." 바텐더는 평온한 말투로 말했다. 흔한 일이라는 듯 아무렇지 않은 표정이었다. 당황한 나의 표정을 아랑곳하지 않은 채 그는 말을 이었다. 멧돼지는 정중하게 그녀를 에스코트하며 모든 계산을 끝낸 뒤 떠났다고 했다. 사정이 있어 먼저 자리를 뜨니 마감 시간에 부드럽게 나를 깨워 달라는 부탁까지 빼먹지 않았다고 했다.

"멧돼지라니?" 알 수 없는 이야기였다.

"네. 그렇게 됐습니다." 체념하고 받아들여야 한다는 투였다. 모든 것이 엉망이었다. 손에 쥔 모든 것들이 모래처럼 빠져나가는 기분이었다. 잡으려 애쓸수록 더 빨리 새어나가 내 손에 남은 것은 아무 것도 없었다. 두려움이 엄습했다.

멧돼지는 실종된 예술가의 배를 타고 영영 찾을 수 없는 곳으로 숨어버렸다. 멧돼지는 한때 미래를 꿈꿨던 여자들과 평생 팔리지 못할 나의 아이디어 같은 것들을 내게서 빼앗아 최대한 멀리 달아나버렸다.

나는 황급히 바를 나왔다. 뺏길 것이 더 있을까

두려웠다. 나는 걸음을 재촉했다. 끊임없이 어딘가로, 어딘가로 도망치고 있었다.

 오포읍 주민들의 제보를 기다립니다.
추신: 기꺼이 소재가 되어 준 존경하는 강선배에게 이 글을 바칩니다.

여자들

나쁜 여자

정다영

안녕하세요. 혹시 이름이 어떻게 되세요? 아, 그러시구나. 이름이 예쁘시네요. 누가 지어주셨어요? 아 부모님이요. 무슨 뜻이에요? 이길 숭, 별 규. 아 그렇구나. 아이티 쪽에서 일하신다구요? 네네. 저는 매거진에서 일해요. 아, 글 쓰는 일은 아니고 광고 기획인데 그냥 노가다죠 뭐. 그래도 재미는 있어요. 아 결혼이요? 아직 결혼 생각은 없는데, 때 되면 하지 않을까요. 그냥 편하게 생각하려구요. 어색하네요. 네, 저는 차가운 음료 좋아해요. 저는 어제 푹 잤어요. 네? 아 네네 다녀오세요. 음. 네, 살짝 배고프네요. 식사 하셔야죠. 좋아하는 음식은 음, 저는 다 잘 먹어요. 곱창이요? 완전 좋아하죠.

네. 그런데 말씀 중에 죄송한데요, 그쪽 이름이 왜 승규인가요? 저는 이해가 잘 안돼요. 하필이면 이 자리에 승규 씨가 나온 게요. 네, 너무 화가 나요. 아니요. 무슨 일 있는 게 아니라, 처음부터 그 이름을 듣고 아무 생각이 안나더라구요. 겨우 이름 똑같은 게 뭐라고, 계속 승규씨한테 집중을 하려고 했는데요. 이름이 승규잖아요. 승규씨가 하필이면 여기 나온 거잖아요. 아무 잘못도 없는 승규씨가 너무 짜증나고 미워요. 아니요 이름이 승규인 게 잘못이에요. 부모님께 잘 말씀드려서 지금이라도 바꾸시면 안될까요. 아. 죄송해요. 저희가 안 만나면 돼죠. 제가 너무 실례를 끼쳤습니다. 죄송합니다.

그런데 저한테 승규라는 사람은 평생 한 사람 뿐이어야 하거든요. 제 인생에서 또 다른 승규가 생겼다는 게 속상해요. 아뇨, 단순히 이름이 똑같은 게 아니라요. 아니에요. 어차피 이해 못 할 거에요. 오늘 정말, 너무 힘드네요. 정말 죄송하지만 승규가, 그쪽 이름이 아니면 안 될까요?

 이 글을 쓰기 전에 '나쁘다'라는 게 뭘까 오래 생각했어요. 누군가에게 나쁘다는 건 이런 게 아닐까 하고 써내려갔습니다. 나쁜 게 별 게 아니더라구요.

편집 / 참여 후기

편집 후기

 2018년 여름, 민낯의 첫 책을 낼 때 목표는 단 하나였습니다. 두 번째 책까지는 내자. 그래서 첫 책에는 첫 번째 이야기라는 부제가 낙인처럼 찍혀 있습니다.

 이렇게 두 번째 책이 운 좋게 나왔습니다.

 일 권에서는 못다 한 감사 인사를 뒤늦게 전합니다. 첫 책의 디자인을 맡아 여섯 명을 멋지게 표현해준 지수현 디자이너님과 첫 항해를 함께해준 일 권 여섯 회원에게도 감사합니다. 특히 부득이하게 소개하지 못한 건호에게 고마움을 전합니다. 처음의 우여곡절이 없었다면 두 번째 책은 불가능했을 겁니다.

 <우는 대신 씁니다>에 참여한 새로운 멤버들에게도 고맙단 말을 하고 싶습니다. 뛰어난 누구 한 명이 아닌 모두의 숨결이 들어가 지금의 책이 완성됐습니다. <민낯>을 향한 저보다 더 큰 애정으로 책을 멋지게 완성시켜준 정나영 편집 디자이너님과 이반야 일러스트 작가님께도 큰 감사함 전합니다.

민낯이라는 글 모임으로 돛단배를 띄운 지 6년이 흘렀습니다. 글 쓰는 재주라도 만들고자 무작정 시작했던 모임이 이제는 독립된 정체성을 갖고 스스로의 길을 가기 시작했습니다. 첫 책을 내고 홍보를 위해 필연적으로 SNS 계정을 만들었고, 이제는 출판사로 등록까지 했습니다. 바람 부는 데로 항해하다 여기까지 닻을 내린 민낯의 미래가 저 또한 궁금합니다. 간혹 인스타그램으로 책에 대한 감상을 받을 때면 감히 꿈꿔 보지도 못한 상황에 감동해 배꼽 아래에서부터 저릿하고 힘찬 에너지를 느끼곤 합니다.

제겐 글을 짓는 것보다 책을 짓는 것이 더 어려웠습니다. 민낯을 우연히 집어주시고, 이렇게 인연을 맺어주신 모든 분들이 자신만의 무언가를 '짓고' 계신다면 더 바랄 것이 없겠습니다. 민낯의 미래를 저도 예측할 수 없지만, 이 작고 초라한 항해에 함께해준 민낯의 모든 멤버들이 각자 좋아하는 일을 앞으로도 오래도록 하면 좋겠습니다.

 민낯 이지영

참여 후기

 김원재

읽을 만한 글을 쓰진 못했지만, 누군가의 심심한 하루 속에 한 문장이라도 읽힌다면 참 좋겠습니다. 덧붙여, 책 한 권을 만드는 데 필요한 그 모든 골치 아픈 일들에 기꺼이 골치 아팠던 이지영 회장님께 깊은 고마움과 사랑을 전합니다.

 조성진

글을 쓰고 고치며 여전히 많이 부족하다고 느꼈습니다. 글쓰기가 저를 더 겸손하게 만들어 준 것 같습니다. 이번 준비 과정을 통해 글쓰기는 꽃을 키우는 과정과 비슷하다고 생각했습니다. 물을 주고 햇빛도 비춰주고 그리고 그 꽃을 사랑해야 하는 것처럼 말이죠. 세상의 수천억 개의 책과 수천조 개의 문장들 속에 제 문장도 소중하게 만들어 주신 지영님!! 감사하고 고생 많으셨어요.

정다영

저처럼 평범하게 회사에 다니는 사람에게, 말도 안 되게 다양한 이야기가 존재한다는 걸 깨닫게 된 건 민낯에서 글을 쓰기 시작하면서입니다. 처음의 엉망진창인 글을 읽고, 고치고, 또 읽고, 고치고 하는 사이에 저는 몇 년 전보다 입체적인 사람이 되었네요. 민낯을 유지하고 단단하게 만들어 준 사람들과 시간이 고맙습니다.

 박민지

글쓰기를 천직으로 삼은 건 아니지만, 늘 하얀 화면 앞에 있으면 이름 모를 욕심이 나요. 그래서 키보드를 두들기면 또 다시 어렵고 막막하고 두려워집니다. 끝 모를 두려움과 막막함 속에서 나온 저의 하찮고 어설픈 글들이 당신의 일상에 아주 잠시라도 머물렀다면, 그것만으로 충분히 좋아요. 도와주신 모든 분들, 정말로 감사합니다.

우는 대신 씁니다 〈민낯〉 두 번째 이야기

초판1쇄 발행 2020년 6월 6일

편집 이지영
편집 디자인 정나영 (@warmbooks_)
내지 일러스트 가다온바이 (@gadaonby7)

펴낸곳 출판사 민낯
전자우편 the.rawface@gmail.com
인스타그램 @_minnot
가격 8,500원

ⓒ 출판사 민낯 2020

ISBN 9791196936204(03800)
CIP 제어번호 CIP2020022603